一帶一路研究叢刊

中國和斯里蘭卡的·故·事

江勤政 編著

序

斯里蘭卡是我實質外交生涯的初始之地。一九七三年底，外交部將我從駐英國使館緊急召回，派往時任不結盟運動主席國的斯里蘭卡工作。在斯里蘭卡，我連續工作了七個年頭，接觸上層，深入社會，結交了很多朋友。我把斯里蘭卡視為我的第二故鄉。

江勤政大使是我多年的好友。他曾長期從事對斯工作，熟知斯里蘭卡國家、斯里蘭卡人民和斯里蘭卡的文化。他對斯里蘭卡懷有深厚的感情。六年前，他撰寫了《印度洋明珠：斯里蘭卡》一書，詳盡介紹了斯里蘭卡的秀麗風光和燦爛文化，受到讀者的歡迎。

二〇一七年是中斯建交六十週年和中斯貿易協定簽訂六十五週年。在這兩個紀念日的前夕，江勤政大使再次滿懷激情，推出他的新作——《中國和斯里蘭卡的故事》，恰逢其時，很有意義。他邀請我為這本書作序，我感到高興。

如今是網絡時代。打開有關斯里蘭卡的網頁，常常跳出這麼一個問題：中斯關係為什麼這麼好？江勤政大使這本書正好回答了這個問題。

透過這本書，作者展示了兩千年中斯關係的歷史畫卷，講述了中斯友好的動人故事。它告訴讀者，中斯關係好，這是因為：海上絲綢之路把我們連接在一起；千年佛緣把我們連接在一起；真誠合作把我們連接在一起；人文交流把我們連接在一起。

斯里蘭卡地處遠東至非洲和地中海的航道中心位置。《漢書・地理志》記載了二千多年前世界上最早的一段海上絲綢之路：漢朝廷皇家外貿船隊從南方港口出發，直到已程不國（斯里蘭卡）返回。後來，已程不國成為中西貿易的中轉地。古羅

馬歷史學家普林尼在其《自然史》一書中記述了斯里蘭卡派往古羅馬帝國的使節談及斯里蘭卡與中國貿易的情況。鄭和七次下西洋，曾五次在斯駐節。

海上絲綢之路是我們兩國共同的歷史遺產。它不僅見證了中斯關係發展的歷史軌跡，而且成就了中國與斯里蘭卡的千年佛緣。斯里蘭卡高僧曇摩向中國敬獻佛像；中國高僧法顯到斯里蘭卡研習佛學，迄今一千六百多年，中斯佛教交流薪火相傳，成為我們兩國傳統友誼的紐帶。

斯里蘭卡獨立和中華人民共和國成立後，中斯關係得到了前所未有的發展。我們同舟共濟、患難與共，相互信任、相互支持，成為全天候的朋友。中國政府堅定支持斯里蘭卡維護國家主權、獨立和領土完整，支持斯里蘭卡發展經濟的努力。斯里蘭卡政府堅持對華友好，致力於發展各領域合作，在涉及中國核心利益問題上，給予一貫和明確的支持。

今天，中斯關係站在歷史的新起點。習近平主席提出共建「一帶一路」的重要倡議，得到包括斯里蘭卡在內的世界五十多個國家的積極響應。斯里蘭卡總統邁特里帕拉·西里塞納閣下說，斯方希望在「二十一世紀海上絲綢之路」框架內加強同中方的合作。斯總理拉尼爾·維克勒馬辛哈閣下也表示，斯里蘭卡願發揮印度洋樞紐位置優勢，同中方共建海上絲綢之路，全面提升兩國務實合作水平。

我們高興地看到，「一帶一路」建設已全面展開。斯里蘭卡具有突出的區位優勢，完全能夠發揮連接亞非大陸、輻射南亞次大陸的紐帶作用，成為共建「二十一世紀海上絲綢之路」的重要合作夥伴。中國政府多次表示，願同斯方一道，抓住當前重要機遇，以科倫坡港口城、漢班托塔港等大項目為依託，

促進斯基礎設施建設和臨港工業發展，助力斯里蘭卡實現其成為印度洋航運、物流乃至金融中心的發展目標，使這顆「印度洋上的明珠」煥發出新的時代光彩。

我相信，我們兩國將進一步發掘合作潛力，帶動各領域務實合作再上新台階，推動中斯戰略合作夥伴關係持續發展，為中斯友好故事續寫新的篇章。

沙祖康

聯合國前副秘書長

二〇一六年十一月

追憶 篇

海上絲綢之路，
中國與斯里蘭卡同行

一九六六年六月二十七日至七月九日，亞非作家緊急會議在北京舉行。來自亞非五十三個國家和地區以及五個國際組織的代表和觀察員共一百七十二人出席了大會。會議的主要議程是加強亞非人民和亞非作家的團結，進一步支援越南人民抗美救國的正義鬥爭。

出席會議的錫蘭作家代表團由四人組成：團長賈亞拉特，團員有塞納維拉特納、卡爾德拉和薩布坦特裡。我擔任翻譯。

會議期間，著名戲劇大師曹禺與錫蘭作家代表團進行了對口會談。他是北京人民藝術劇院院長、中國文聯主席、中國劇協主席、中國作家協會書記處書記，身分很高，但平易近人。我向他介紹了錫蘭朋友：團長賈亞拉特是錫蘭知名作家，小說《哥奴哈德瓦德》（《沉默的心》）風靡全國；塞納維拉特納是錫蘭著名戲劇家，代表作有《斯里桑蓋博》等。

曹禺帶了一個英語翻譯。談話從兩國關係開始。交談一陣之後，他突然停了下來，問錫蘭朋友：「你們國家說什麼語言？」團長回答說：「僧伽羅語。」然後曹先生對著我說：「小夥子，你會

他們這個語言？」我說：「學了五年。」「那好，我們用僧伽羅語交談，」他說。

曹先生很健談，談話內容很豐富，革命經歷和文藝生涯都有涉及。他給我印象最深的是兩句話。一句是關於力與理的關係。他說：一時強弱在於力，千秋勝負在於理。另一句是相知與相疑的關係。他說：長相知，才能不相疑；不相疑，才能長相知。這兩句話，給外賓印象很深，我也一直記在心裡。

談話結束後，我們正要走，曹禺拉住我說：人們談到中國和錫蘭的關係，總要用「源遠流長」「歷史悠久」來形容，你是學僧伽羅語的，對錫蘭、對中錫關係有研究，請問中錫關係「源遠」，遠到什麼時候？「悠久」，久到什麼程度？

這一問，我真懵了，羞得臉上直發燒。我壓低聲音回答說：對不起，我真不知道。為消減我的尷尬情緒，他安慰我說：不要緊，慢慢來，處處留心皆學問，你會成為「錫蘭通」！

曹禺的話對我震動很大。從此，我下決心走進歷史，對中斯關係來個「探本溯源」。

中斯關係史猶如一個大森林，不容易走進去，進去了，也不容易走出來。

涉及中斯關係的中國古籍繁多，如《漢書》《梁書》《魏書》《宋書》《佛國記》《大唐西域記》《大唐西域求法高僧傳》《南海寄歸內法傳》《高僧傳》《新唐書》《南史》《元史》《明史》《通典》《冊府

元龜》《唐國史補》《比丘尼傳》《島夷志略》《瀛涯勝覽》《星槎勝覽》《西洋朝貢典》《西洋番國志》，等等。

史籍中記載的斯里蘭卡名稱居然有三四十個，如：已程不國、斯黎國、僧伽羅國、執獅子、寶渚、寶洲、師子洲、楞伽島、新檀、南天竺、細蘭山、西蘭山、悉蘭池國、僧伽剌、僧迦剌國、獅子國、僧迦耶山、錫蘭山、無憂國、錫蘭國、錫南、錫倫、西侖、獅子島、師子國、私訶羅國、棱伽山、蘭卡、僧急里，等等。其中最常見的名稱為獅子國、師子國、僧伽羅、僧加剌、楞加、蘭卡、錫蘭山、錫蘭等。

斯里蘭卡——中國漢代海上絲綢之路的終點

中國大型辭典《辭海》第二千八百一十八頁，有個詞條「已程不國」，對它的解釋是：「古國名。故地一般以為在今斯里蘭卡，或以為在今印度半島南部。其地於西元前一、二世紀間已與中國有友好通商的航海交通關係。」

《漢書‧地理志》最早記載了中國與其他國家的航海交通關係。該書寫道：「自日南障塞、徐聞、合浦船行可五月，有都元國；又船行可四月，有邑盧沒國；又船行可二十餘日，有湛離國。步行可十餘日，有夫甘都盧國。自夫甘都盧國船行可二月餘，有黃支國……黃支之南，有已程不國，漢之

譯使自此還矣。」

這段文字告訴我們：漢武帝時期（前141-前87），朝廷派遣屬於黃門（皇帝近侍）的譯長船隊，從中國南方沿海港口出發，經印度支那半島，穿越馬六甲海峽，再經馬來半島，到印度南部，最後抵達斯里蘭卡返航。

這是正史上第一次有關海上絲綢之路的記載。

關於古籍上記載的海上絲綢之路上這些國家的地理位置，中外史學界目前仍無絕對準確的結論。斯里蘭卡、新加坡和中國的專家學者經過考證，一致認為黃支國在今印度半島東南部的康契普納姆（Kanchipuram），已程不國就是今日之斯里蘭卡。已程不國是中國文獻中有關斯里蘭卡的最早記載。

在古代，隨著中國和世界各國的交往不斷擴大，中國的貨物通過「海上絲綢之路」，在東西航道的中心─已程不國中轉，經印度接運而西行，輾轉至歐洲、北非。而外國的物產，如羅馬的玻璃器具，非洲的象牙、犀角，西亞的銀器，南亞和東南亞的琥珀、瑪瑙、珠璣、玳瑁、果品等異域珍品，也通過這條航道運到中國的徐聞、合浦、番禺，再經陸路轉運到漢朝的都城長安和全國各地。

斯里蘭卡總統西里塞納說，海上絲綢之路是中斯兩國共同的歷史遺產。

二〇〇〇多年前中斯之間已有貿易往來

　　斯里蘭卡歷史學家尼古拉斯所著《錫蘭簡明史》提到，古羅馬歷史學家普林尼（23-79）在其《自然史》第六卷第二章載稱：羅馬帝國同中國和斯里蘭卡都有貿易往來。一世紀時，斯國王跋帝迦·阿巴耶（Bhatika Abaya，前 19 至西元 9 年）派遣拉吉亞斯（Rachias）等四人出使奧古斯都朝廷。拉吉亞斯告訴羅馬朝廷，他的父親曾前往中國從事貿易。還說「淺膚色、單眼皮、藍眼睛、粗嗓音、健壯的中國商人也在馬納爾海灣的曼陀塔港一帶做生意」。這裡所說的曼陀塔港是當時僧伽羅島上的貿易樞紐，位於今日斯里蘭卡西北海岸。

　　以上記載，與中國《漢書·地理志》的記述高度契合。二〇〇一年，斯里蘭卡考古發現中國絲綢

古羅馬皇帝會見僧伽羅使節（油畫）

殘片，經澳大利亞科學家鑑定，這塊絲綢已有二千二百年的歷史，即為中國西漢初年所制。這為古代中斯貿易關係提供了新的實物佐證。

斯里蘭卡有個「中國灣」

斯里蘭卡東北海岸有個海港，叫亭可馬里港。港內面積最大的海灣，叫「中國灣」（僧伽羅文：基那瓦拉亞）。這裡距離中國有萬里之遙，為什麼這個海灣被取名「中國灣」呢？一般人都說年代太久，說不清。歷史學家認為，「中國灣」的得名與古代中斯貿易興盛有關。

西元三九九年法顯西行取經，去時走的是陸路，後從印度到斯里蘭卡（師子國），以及從斯里蘭卡回國，走的是海路。據他記載，從印度到斯里蘭卡，搭乘商人大舶，西南行，順冬初季風，十四晝夜到師子國。他在師子國住無畏山寺，研習佛經，在寺院佛像邊看到商人用晉地一絹扇供養。四一二年，法顯搭乘一條從羅馬返回中國的商船回國。

《南朝佛寺志》上卷載稱，元嘉十年（433年），師子國比丘尼鐵薩羅等十一人乘坐從事國際貿易的商人難提（Nanda）的商船，抵達中國，在京城建康創建比丘尼僧團。

所有這些都說明，在法顯以前，中斯兩國商人和航海家已有來往。法顯和鐵薩羅等是古代海上絲

綢之路的親歷者。

西元六世紀初，拜占庭帝國的商旅作家科斯馬斯·印第科普萊特斯（Cosmas Indicopleustes）在其著作《基督教世界風土誌》中談及印度、錫蘭和中國之間的貿易。在記述錫蘭出海貿易情況時，科斯馬斯作了這樣的描述：「該島（錫蘭島）地處中心位置，來自印度、波斯和埃塞俄比亞等地的許多船隻經常訪問該島。同樣，該島很多船隻也遠航到其他地方。錫蘭從遙遠的地區—我指的是秦尼斯達（即中國）—輸入絲綢、沉香、丁香、檀香和其他產品，這些產品又從該島運往其他市場。世界各國到達斯里蘭卡的船舶中有中國的船。中國的海船很大，有的長二十多丈，體積與抗風能力超過了大食（阿拉伯）海舶，能載六七百人。」

英國近代生物化學家和科學技術史專家李約瑟（Joseph Needham）認為，中國船大約在西元四世紀末到達錫蘭。法國史學家拉庫伯裡（Terriende Laconperie）論證：「中國船大約在西元四五〇年航行至錫蘭，並遠至波斯灣頭的希拉（Hira）。」

依據這些史料，我們有理由推斷，一千五百年前中國商船就可能到達亭可馬里港。「中國灣」的得名與此有關。

中國唐朝與斯里蘭卡之間的海上運輸

唐代是中國古代歷史上最開放的時期，中外交

流十分頻繁。中國的絲綢、陶瓷等商品經海上絲綢之路運往西方，同時西方的珠寶、藥材、香料等也不斷輸入中國。

《新唐書》卷二二一下、《冊府元龜》卷九七一記載，西元六七〇年、七四二年、七四六年、七五〇年，斯里蘭卡多次派人來中國訪問，贈送禮品，如珍珠、金絲、寶石、象牙等物。他們來的目的，一來通過訪問使兩國友誼關係增強；二來借向中國朝廷贈送禮品之機介紹斯的商品，希望在兩國貿易方面贏得更多交流機會。

據唐代著名地理學家、唐德宗時期的宰相賈耽（730-805）記載，當時中國開往印度洋以西國家的船舶，一般從廣州出發，經越南東海岸，到新加坡，過馬六甲海峽，再經尼科巴群島到斯里蘭卡。

唐代中國重要的航海貿易港口有廣州、交州（今屬越南）、泉州、揚州、明州（今浙江寧波）、潮州和楚州（今江蘇淮安）。這時中國的對外貿易以海上貿易為重點，分為交廣（交州、廣州）、楚揚（楚州、揚州）南北兩線。交州和廣州擔負對阿拉伯帝國、南洋和印度洋國家的貿易。那時，從海上來中國的各國貿易船隻也很多、很大。中國唐代文學家、哲學家韓愈（768-824）寫過一首詩—《送鄭尚書赴南海》，其中就有「貨通師子國，樂奏武王台」的詩句。李肇的《唐國史補》說：「南海船，外國船也，每歲至安南、廣州。師子國船舶最大，梯而上下數丈，旨積寶貨。」

著名航海家汪大淵與斯里蘭卡

　　元代至順元年（1330 年），二十歲的汪大淵搭泉州遠洋商船從泉州港出海，經海南島、占城、馬六甲、爪哇、蘇門答臘、緬甸、印度、錫蘭、波斯、阿拉伯、埃及，橫渡地中海到西北非洲的摩洛哥，再回到埃及，出紅海到索馬里，折向南，直到莫桑比克，再橫渡印度洋回到錫蘭、蘇門答臘、爪哇，再到澳大利亞，從澳大利亞到加里曼丹島，又經菲律賓群島，最後於元統二年（1334 年）返回泉州。至元三年（1337 年），汪大淵第二次從泉州

斯里蘭卡國家博物館
藏中國瓷器

出航，遊歷南洋群島和印度洋西面的阿拉伯海、波斯灣、紅海、地中海、莫桑比克海峽及澳大利亞各地，兩年後才返回泉州。

汪大淵著有《島夷志略》一書。這是一部有極高史料價值的古代世界地理志，是有關十四世紀亞非各國史地的重要資料。書中涉及亞、非、澳各洲的國家與地區達二百二十多個，對所在國都城、市井、村莊有很多的記載，如「僧加剌」（斯里蘭卡）篇中的「僧加剌」（Sinhala），是僧伽羅的另一譯法。他這樣描述棟德拉岬：「其山之腰，有佛殿巋然，則釋迦佛肉身所在。」他書中所說的「明家羅」，也許是今斯里蘭卡的 Piagalla；高郎步就是今日之科倫坡（Colombo）；千里馬可能是亭可馬里（Trincomalee）；大佛山可能指卡盧塔拉（Kalutara）。

中斯友誼之船沿著二十一世紀海上絲綢之路揚帆遠航

在斯里蘭卡國家博物館和一些地方博物館裡，收藏了大量的中國錢幣和瓷器。在那裡，可以看到許多屬於中國唐代、宋代、明代的錢幣和魏晉南北朝、隋代、唐代、宋代、元代、明代的青瓷器。它們和當年那些勇敢的水手一樣，不畏風浪，漂洋過海，見證了歷代海上絲綢之路的輝煌。

海上絲綢之路是我們的先人率先走出來的。這條路是我們的共同遺產，它屬於中國，屬於斯里蘭

卡，屬於全世界。二〇一三年十月，習近平主席提出建設「二十一世紀海上絲綢之路」的設想，為這條悠悠古道注入了新的時代內涵，賦予了新的活力。

中斯友好交往源遠流長。二千多年來，我們兩國一直是真誠合作的好夥伴，是相親相近的好朋友。當前，中斯真誠互助，世代友好的戰略合作夥伴關係站在新的起點上，中斯友誼之船正沿著二十一世紀海上絲綢之路，乘風破浪、揚帆遠航。

千年佛緣從這裡開始

二〇一四年九月，習近平主席訪問斯里蘭卡時，在該國《每日新聞》報發表題為「做同舟共濟的逐夢夥伴」的署名文章，其中專門提到中國和斯里蘭卡的「千年佛緣」。

西元前二五〇年，佛教從印度傳入斯里蘭卡；又從斯里蘭卡出發，相繼傳入東南亞諸國，形成南傳佛教，即上座部巴利文語系佛教。到西元八世紀，佛教在印度開始衰落，至十三世紀由印度教取而代之。而斯里蘭卡佛教持續發展，成為南傳佛教的中心。

「漢明求法，佛教初傳」。這是說，佛教自漢明帝時期（28-75）傳入中國，得到發展。佛教和儒學、道學相互借鑑，對中國哲學、文學、藝術和風俗習慣都產生重要影響。另一方面，佛教交流大大促進了中國同其他國家的友好交往。

高僧法顯──走出國門第一人

到南北朝時期，中國和斯里蘭卡的佛教界相互了解不斷加深，來往頻繁。中國第一個走出國門到海外取經的是高僧法顯。

法顯，俗姓龔，東晉咸和九年（334年）生於

山西武陽。他命運多舛，出世前，三個兄長相繼夭亡。他三歲就做小沙彌。十歲大病，父母把他送到佛寺裡寄養。不久父母雙亡，法顯出家。

法顯二十歲受大戒，刻苦鑽研佛學，常嘆佛教經律短缺不全，發誓要去西天取經。隆安三年（399 年），六十五歲高齡的法顯與同學慧景、道整、慧應、慧嵬等一道，從長安出發去往「西天」。他在印度遊歷八年，禮拜了許多佛教聖蹟，得到百萬餘字的佛教經典。

國學大師季羨林先生說：「法顯之所以高出眾人之上者，因為他是有確鑿可靠證據的真正抵達天竺的第一人。」法顯的這一跨越，是中國文化的「轉折點」，而且「開創了新紀元」。

法顯與斯里蘭卡

義熙六年（410 年），法顯帶著他在印度求得的佛經、佛像，跟隨商客從印度來到師子國（今斯里蘭卡）。那時的師子國佛教興旺，諸派爭鳴。鐵薩羅到中國傳授比丘尼戒、印度佛音大師（Buddhaghosa）赴斯翻譯三藏經典、佛牙舍利傳至師子國等一系列佛教史上的大事，都發生在這一時期。

無畏山寺（Abayagiri Viharaya）始建於西元一世紀。法顯來時，無畏山寺已是當時世界聞名的古剎，保存著佛牙舍利，有僧人五千，其陣勢可見一

無畏山寺佛塔

斑。它名為寺院，實為佛學高等學府，對佛教各派思想，包括大乘、小乘，兼收並蓄，允許爭鳴，從而吸引了四面八方的佛教學者前來研習，成為名副其實的國際佛學研究中心。

法顯在無畏山寺潛心研究佛學兩年，收集佛經梵本二百五十餘冊，其中最重要的是「漢土所無」的《彌沙塞律》《長阿含經》《雜阿含經》《雜藏》等四部佛教經律文本。

義熙八年（412年），法顯搭乘一條從羅馬返回中國的商船回國。船上共有二百多人，大船後面繫著一艘小船，以便大船遇險時好乘小船逃生。船行兩天，便遇大風，大船漏水，一些人搶先上了小船，他們擔心來人太多，便把與大船連接的繩索砍

無畏山寺供僧人用膳的大飯槽，被稱為世界上最大的飯碗。

斷了。大船上的商人焦急萬分，眼看著大船漏水不止，即將下沉，便拚命把船上的貨物向海中拋擲。法顯也把自己的東西扔進大海，緊緊抱住佛經和佛像，口中唸唸有詞，祈求佛祖保佑。貨物扔掉以後，大船減輕了負重，沒有沉沒，繼續在大風中漂流十三晝夜，在一島邊停住。退潮後，船工把船底漏水處一一補塞好，然後繼續前行，經過四十天到達耶婆提國，就是今天印度尼西亞的爪哇。法顯在爪哇停留五個月。他設想乘船去廣州，然後由廣州去京城建康（今南京），於是又搭乘一條二百人的商船。不料船行一個多月，忽遇太平洋颶風，大船失去方向，費盡周折才停靠在一岸邊，上岸一打聽，竟是山東嶗山。

　　義熙九年（413 年），法顯從嶗山到達建康。

在那裡，他與印度學者佛馱跋陀羅（Buddhabhadra）等佛教翻譯家一道翻譯、傳播佛經。

法顯「捨身求法」，堪稱「中國的脊樑」。他「西天取經」比唐玄奘大師早二百多年，且玄奘僅是陸路去、陸路歸，而法顯是陸路去、海路歸。他是古代陸上絲綢之路的親歷者，也是海上絲綢之路的親歷者。更為難能可貴的是，法顯以八十歲高齡開始撰寫《佛國記》一書，詳細介紹他所到達國家的自然風貌和風土人情。這部書成為研究古代西域、中亞和南亞各國的重要文獻。自十九世紀以來，《佛國記》先後被譯成法文、英文、日文等，出現了一批專門研究此書的著作，得到了中外學者的高度評價。有文章披露，魯迅先生用十三個晚上抄寫《佛國記》，並賦詩曰：「禮讚晉法顯，空前之偉人。中華脊樑骨，名句萬百存。此言非過譽，當之無愧人。」

元熙二年（420 年），法顯圓寂，享年八十六歲。

法顯洞

斯里蘭卡科倫坡以南有個地方，叫布拉特辛哈拉（Bulatsinghala）。那裡有座山，海拔一百八十二米。半山腰間，兩塊巨石交錯突起，使這座山變為上下兩層，夾層之間形成一個巨大的月牙形岩洞。洞寬五十三米，洞內最高處四十六米，徑深八米。

置身其中，彷彿站立在一個巨型空中舞台上。洞內寬敞、明亮、平整，洞壁巨石嶙峋，氣勢恢宏。站在洞邊向外望去，千姿百態的美景讓人賞心悅目。

二〇一二年，這裡出土了古人類化石，經英國牛津大學測定，這具古屍是一位十九到二十二歲之間的女子，身高一點六二米，是亞洲考古發現的身材最高的女屍。

這是斯里蘭卡最大的岩洞，曾發生過無數的故事，有同時容納千人的記錄。

法顯除了研習佛學，還有計劃地地拜謁佛教聖地。作為一個虔誠的僧侶，他嚴格遵循佛教戒律，外出過夜，總是風餐露宿，從不打擾俗眾。一次，他從阿努拉特普拉前往聖足山途中，來到布拉特辛哈拉，晚上就棲身在上面所說的石洞內。這座山、這個洞，從前沒有名字。自從法顯來過以後，這裡的人們出於對法顯的崇敬，就把此山、此洞命名為「法顯伽勒」（Fahian Gala）。在僧伽羅文裡，「伽勒」有石頭、石山、石洞的意思。翻譯成中文，一般就稱「法顯洞」。從此，中斯友誼史上增加了一個永久的地標。千百年來，法顯洞一直受到斯里蘭卡佛教徒的香火供奉。法顯的名字在斯里蘭卡家喻戶曉。斯里蘭卡朋友紀念他，讚頌他的不朽業績，讚頌中斯兩國的傳統友誼。

法顯去的聖足山又是一個什麼樣的地方呢？

相傳，佛祖釋迦牟尼曾三次來斯里蘭卡島巡遊，第三次來斯時曾巡訪薩馬納拉山（Samanala），

並在此向山神沙曼諦宣講佛法，留下一個腳印，形成一個一點五米長、零點八米寬的凹坑，因而佛教徒把這座山稱為聖足山（Sri Pade）。這座山還有另外一個名字—亞當峰（Adam 』s Peak），因為穆斯林認為，這是人類始祖亞當從伊甸園重返人間途中降落此山，單足站立千年所留的足跡。此外，印度教徒認為，這是濕婆神創世起舞留下的足跡；基督徒則認為，這與耶穌傳教士聖・托馬斯有關。

雖然人們對「聖足」的解釋不同，在山頂寺廟的所有權問題上也曾出現過分歧，但不同宗教的朝觀者彼此相安無事。聖足山成為四大宗教共同的聖地。雄渾的地形地勢和神祕的宗教色彩，使得聖足山具有自然與人文的雙重價值。在這裡，也可感受不同宗教的濃重氛圍。

朝拜聖足山亦成為一項重大的佛事活動。千百年來，不知有多少僧尼、善信、香客遊人乃至王公大臣前往瞻拜。

法顯作為佛教僧侶又是佛學學者，到聖足山朝觀理所當然。

法顯廟

距離法顯洞不遠處，有一古廟，早已殘破。一九八○年，法顯石村的人為紀唸法顯，又建了一座新廟，斯里蘭卡總統親自為它立了碑。廟裡供有一尊新雕大臥佛，身長約十八米。廟裡有四十個和

尚,成立了法顯洞保護發展基金會,由長老做主任。他們決心發動社會各界的力量,把法顯洞保護好、利用好。從法顯洞地區的生態保護、動植物保護,到法顯洞攀登階梯的修繕、法顯洞及其考古發掘的宣傳推廣,都列入了保護發展計劃。

法顯石村

法顯山下,茶林深處,有一個三百來戶的小村落。村口豎著一塊石碑,用僧文、中文和英文寫著:「法顯石—斯里蘭卡—中華人民共和國友誼村」。

上世紀八〇年代初,法顯廟住持和當時的斯財長羅尼·德梅爾先生共同向中國政府提出重建法顯

石村的建議，中國政府欣然同意，提供了二百二十萬盧比的援款。當時，儘管這裡風景如畫，氣候宜人，但丘陵地帶山多地少，交通不便，房屋破舊，村民生活困難。重建法顯石村的工程於一九八一年七月十六日正式開始，拓寬了道路，翻新了寺廟，修繕了民居。道路、住房等條件改善後，法顯石村發生了很大的變化，拖拉機和汽車開進來了，糧食和經濟作物運出去了。法顯石村的村民們對中國充滿著感激之情。

法顯紀念館

上世紀九〇年代初，中國政府無償援助六十萬美元，幫助斯里蘭卡在法顯當年居住和學習過的無畏山寺舊址附近修建了一座「紀念摩訶帝沙——法

時任斯里蘭卡總統普雷馬達薩（左2）出席法顯紀念館落成儀式。

顯文化館」。這是一座中式仿古建築，由僧房、博物館和紀念館三部分組成。時任斯里蘭卡總統普雷馬達薩和夫人、中國駐斯里蘭卡大使張聯出席紀念館落成儀式並發表講話，共贊法顯歷盡磨難、捨身求法的崇高精神和頑強的意志品質，共同表達增進中斯傳統友誼、加強兩國佛教交流的真誠願望。

中斯佛教交流薪火相傳

曇摩獻寶

據《梁書》記載，獅子國國王得知東晉孝武帝崇奉佛教，便派遣沙門曇摩出使中國。曇摩漂洋過海，歷盡艱險，費時十年，於義熙二年（406 年）到達晉都建康（今南京），將一尊四尺二寸高的玉佛像贈送給晉孝武帝。這是中國與斯里蘭卡友好交往的權威見證。

晉孝武帝對獅子國國王和曇摩的這一壯舉深為感動，遂將此玉佛供奉在建康最大佛寺——瓦官寺中。

瓦官寺文化積澱深厚，人文遺存豐富，歷代高僧輩出，在佛教界享有極高的地位。該寺始建於東晉興寧二年（364 年），幾經擴建，成為當時規模宏大的江南名剎。東晉末年，瓦官寺已擁有上千僧眾。

瓦官寺是一個佛教藝術殿堂，這裡有兩件寶物可與獅子國玉佛媲美：

一件是雕塑家戴逵（326-396）塑制的五方佛像。戴逵字安道，多才多藝，尤其擅長雕刻及鑄造佛像。他創造了夾 漆像的工藝，並把它運用到雕塑方面，是今天仍流行的脫胎漆器的創始者。他用

自創的干漆夾 法塑造的五方佛像，廣為世人稱頌。（干漆夾 法後由鑑真大師傳入日本。鑑真和尚圓寂後，日本唐招提寺用干漆夾 法塑造了鑑真和尚像）

另一件是畫家顧愷之（348-409）所繪壁畫《維摩詰示疾圖》（亦稱《維摩詰居士像》）。維摩詰（梵文 Vimalakirti）為佛陀之在家弟子，精通大乘佛教義理，善於解答佛教方面的各種疑難問題。他常以稱病為由，向釋迦牟尼遣來問病的舍利弗（Sariputta）、文殊（Manjusri）等闡揚大乘佛教的深奧教義。

顧愷之繪《維摩詰示疾圖》很富傳奇：西元三六四年，南京建瓦官寺，僧侶向京城士大夫募款，但反響不熱烈。眼見修建計劃要落空，顧愷之挺身而出，慷慨認捐一百萬錢。寺廟開建，進展神速，但顧愷之的捐款卻沒有兌現。寺廟僧侶甚是著急，問顧愷之怎麼辦。顧愷之說：「沒關係，你們照建，留給我一面白牆就好。」牆弄好，顧愷之每天都在上面作畫，閉門創作一個多月，畫了一幅病容蔫蔫的「維摩詰像」，畫作大體完成，只差眼珠沒點。就在準備點睛當天，顧愷之請寺僧打開寺門，讓民眾參觀，並規定，頭一天來觀看的人，捐錢十萬，第二天五萬，第三天隨意。頭一天，許多人為了爭睹顧愷之「開光點眼」，湧入瓦官寺。顧愷之當眾起筆點睛，整個畫像便活靈活現。很快，一百萬錢便湊足了。

《梁書》評價獅子國玉佛「玉色潔潤，形制殊特，殆非人工」。晉孝武帝將它供奉在瓦官寺，與五方佛像和《維摩詰示疾圖》相映生輝，統稱瓦官寺「三絕」。

由於時世變遷和戰火的蹂躪，瓦官寺屢次被毀又屢次重建。今日的瓦官寺，系二〇〇三年復建，殿堂布局嚴整，法相莊嚴，鐘鼓聲聲，香菸裊裊，佛事興盛，信徒如織。玉佛等「三絕」雖已失傳，但中國與斯里蘭卡的千年佛緣仍生生不息，薪火相傳。

獅子國尼姑鐵薩羅創建中國比丘尼僧團

佛教傳入中國後，比丘尼（尼姑）沒有如律受過戒。西元四三〇年，來自獅子國的第一批比丘尼共八人來到建康景福寺，目的就是為中國比丘尼授戒。可是按當時規定，授戒者必須懂中國語言，而且必須有十人以上。因此，這八位比丘尼先在建康學習漢語。西元四三三年，獅子國比丘尼鐵薩羅（Tissara）率十一位尼僧來到建康，滿足了授戒人數的要求。應景福寺慧果和淨音兩位尼姑的邀請，鐵薩羅等十九位尼僧於西元四三四年在南林寺設壇傳戒，請印度僧人僧伽跋摩（Samghavarman）為傳戒師，為三百餘中國尼僧重授《具足戒》。這一史實，在《比丘尼傳》、梁《高僧傳》、《南朝佛國志》等史籍中都有明確的記載。這是中斯佛教關係史上

的又一盛事。從此，中國便有了如法、如律受戒的比丘尼僧團，且傳承不斷，延續至今。為紀念這一盛事，當年獅子國比丘尼十九人被供養在南京城內一座晉時所建的尼庵中，這座尼庵後來改名為「鐵薩羅寺」（現已不存）。

比丘尼戒在中國延續至今，然而在斯里蘭卡早已失傳。如今，斯里蘭卡沒有比丘尼（尼姑），只有一種類似尼姑的守戒女（Upasika），她們剃光頭，披黃衣，不結婚，守十戒，過的完全是出家人的生活。

一九六三年，斯里蘭卡總理班達拉奈剋夫人訪華期間，曾對周恩來總理表示，希望能把比丘尼戒傳回斯里蘭卡。一九八〇年，斯里蘭卡一位著名佛學學者專程到成都訪問中國佛協副會長、四川省佛協會長隆蓮尼師，求證比丘尼戒是早年從斯里蘭卡傳入中國這一史實。之後，斯方通過中國佛協趙樸初會長轉達，希望隆蓮法師為斯里蘭卡女信徒傳授比丘尼戒。對此，中國方面十分積極主動，隆蓮尼師曾多次表示願意為蘭卡沙彌尼傳授比丘尼戒，並且在風景秀麗的峨眉山下蓋起了一棟小樓，準備供前來受戒的蘭卡姊妹居住。

二〇〇三年一月，中國駐斯里蘭卡大使館應斯文化和佛教部長洛庫班達、凱拉尼亞大學校長兼維里亞蘭卡拉佛學院院長古薩拉·達摩長老的請求，以使館名義向斯方捐贈二十萬元人民幣，在斯建起一座小型建築—鐵薩羅紀念堂，供十戒女習經、坐

禪和休息之用。一月二十四日鐵薩羅紀念堂奠基時，古薩拉‧達摩校長、洛庫班達部長和時任駐斯大使的我出席並分別緻詞。

唐玄宗的特使不空三藏大和尚

唐開元六年（718年），獅子國沙彌不空三藏（Amoghava-jira）出國途中，在爪哇巧遇印度高僧金剛智（Vajirabodhi），拜之為師，並隨行來華。開元二十九年（741年）八月三十日，金剛智圓寂，不空遵奉師父遺囑，準備前往天竺。然而，朝廷留他在華翻譯、宣講教義。一年後，唐玄宗令他前往獅子國取經。不空三藏遂率弟子含光等僧俗三十七人，攜帶唐玄宗的國書，於當年十二月搭乘崑崙舶，經訶陵國（在今爪哇中部），於西元七四三年到達獅子國。因不空是大唐來使，獅子國國王破格

清代線刻圖：瑜伽唐
三藏不空法師

予以國賓禮遇，將其安置在佛牙寺下榻。不空和他的弟子在獅子國各地搜求密藏和各種經論。三年後，不空帶著獅子國國王致唐玄宗的信函和禮物以及梵本《般若經》等佛典一千二百卷回到長安，此後一直在華致力於佛經翻譯和宣教工作，為佛教的傳播作出了傑出的貢獻，深受朝野的傾心崇奉。

不空自幼來華，通曉中國的語文和文化，這很有利於他的佛經翻譯工作。據唐圓照《貞元釋教錄》記載，不空先後在長安、洛陽、武威等地譯出《金剛頂瑜伽真實大教王經》等顯密經軌總計一百一十一部一百四十二卷，其中絕大部分為密宗典籍，為密教的建立作出了貢獻。他與中國高僧玄奘以及來自古西域龜茲國的鳩摩羅什（Kumarajiva）、來自西天竺優禪尼國的真諦（Param rtha）並稱為中國佛教史上「四大譯師」。

不空三藏在華弘教四十餘年，經他傳授佛法者數以萬計，由他授戒的比丘也有二千人。他與來自印度的善無畏（Subhakara-simha）和金剛智被尊為開創中國密宗的「開元三大士」，其中不空的影響最大。

大曆九年（774 年），不空三藏示寂，享年七十。不空三藏被唐代宗賜號「大廣智三藏」，生前曾加封「開封儀同三司」、「肅國公」，死後諡「大辯證廣智不空三藏和尚」。建中二年（781 年），德宗敕准不空弟子慧朗在大興善寺為不空立碑。

二〇一五年八月，中國佛教協會副主席、珠海

普陀寺開山住持明生大和尚代表中國佛協向斯里蘭卡康提佛牙寺博物館贈送了不空三藏銅像。

中國佛教界為佛教百科全書撰稿

一九五五年，全錫蘭佛教徒聯合會為紀念釋迦牟尼涅槃二五〇〇年，發起編纂英文佛教百科全書，要求各國佛教學者給予支持和合作。周恩來總理接受斯里蘭卡總理班夫人的請託，為這部百科全書撰寫有關中國部分的佛教條目，並將這個任務交給了中國佛教協會。

很快，中國佛協就成立了「中國佛教百科全書編纂委員會」，聘請國內著名學者如呂澂、法尊、巨贊、周叔迦、喜饒嘉措、黃懺華、持松、明真、隆蓬等人分別承擔撰述、編輯和英譯工作，寫成漢文條目四百餘篇，約二百餘萬字。

一九八〇年，國內公開出版《中國佛教》四

斯里蘭卡出版的佛教大百科全書（部分）

冊，受到學術界好評，有的全國重點大學哲學系也把它列為參考書目。

贈送佛像是斯里蘭卡佛教徒最高禮數

自從高僧曇摩向晉孝武帝贈送玉佛以來，斯里蘭卡歷朝歷代向中國敬獻了不知多少佛像。這一傳統一直延續到現代。

一九六三年，斯里蘭卡總理班達拉奈剋夫人到中國訪問，贈送給中國佛教協會一尊仿古佛像。

一九七九年八月，斯里蘭卡總理普雷馬達薩訪

二〇〇七年二月二十七日，斯里蘭卡總統拉賈帕克薩代表斯政府向中國贈送一尊禪定印佛像（三昧佛）複製品，中國佛教協會在北京靈光寺隆重舉行「斯里蘭卡佛像開光儀式暨佛像供奉祈福法會」。（供圖：中新社）

華，向北京廣濟寺贈送了一尊佛像。這尊佛像依千年前斯著名佛像仿製而成，高五英尺，雕刻精細，神情生動。中國佛教協會代會長趙樸初代表中國佛教徒接受了這一珍貴禮物。

中斯建交五十週年之際，斯里蘭卡總統馬欣達·拉賈帕克薩於二○○七年二月二十六日至三月四日對中國進行國事訪問。在完成兩國雙邊會談等國事活動後，拉賈帕克薩總統代表斯里蘭卡政府向北京靈光寺贈送了一尊三昧佛像（Samadhi Buddha）。這尊佛像是根據西元四世紀的三昧佛仿製而成。

佛教在中斯友好交往中發揮的作用日益彰顯。曇摩獻寶至今，中斯佛教交往一千六百年，相互學習，相互借鑑，弘揚佛教精神，也為中斯友誼的發展不斷提供正能量。

鄭和碑

二〇一四年九月，習近平主席訪問斯里蘭卡期間，收到拉賈帕克薩總統贈送的一份珍貴禮物——鄭和《布施錫蘭山佛寺碑》拓片。
想知道布施錫蘭山佛寺碑的故事，
先要說說鄭和下西洋。

鄭和下西洋

十五世紀初的明朝，國力強盛，經濟發達，文化興旺，並且進入航海史上前所未有的輝煌時期。明成祖即位後，為了加強與東南亞國家的聯繫，也借此炫耀大明帝國的國威，開始了一連串大規模的海上活動。從西元一四〇五年到一四三三年，鄭和受明成祖派遣，先後七次率領龐大的船隊進行遠航，寫下了人類大規模遠洋航行的壯麗篇章。鄭和及其船隊遍訪東南亞、南亞、阿拉伯、東北非洲的大小 三十多個國家，航行十萬多里，為促進中國同這些國家的經濟、文化交流作出了傑出的貢獻。

鄭和艦隊的主要活動區域在今天的加里曼丹島以西海域，舊稱「西洋」，因此，這些航海活動總稱「鄭和下西洋」。

鄭和

斯里蘭卡南方博物館
內的鄭和塑像

　　據斯里蘭卡著名歷史學家洛娜・德瓦拉賈考
證，鄭和船隊七下西洋，每次都進出斯里蘭卡，鄭
和本人只有一次沒有在斯里蘭卡下船。她說，鄭和
於一四〇五年第一次來到斯里蘭卡。由於受到科提
地區統治者維拉・阿拉卡斯維拉的敵意對待，鄭和
迅即離開，去了印度。第二次是一四〇七至一四〇
九年，鄭和船隊過境斯里蘭卡，前往古裡國（今印
度卡利卡特），這一次鄭和沒有隨船航行。第三次
是 1409-1411 年，這是鄭和第二次登陸斯里蘭卡。
這一次，鄭和不僅帶來了那塊「布施錫蘭山佛寺
碑」，還跟科提國王發生了衝突。第四次是一四一

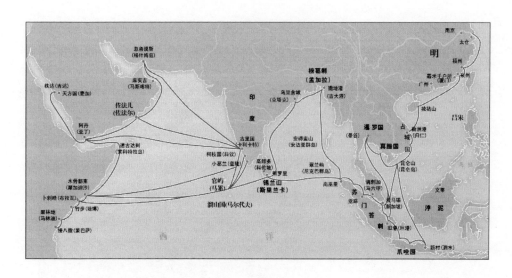

鄭和下西洋路線圖

三至一四一五年，鄭和船隊在斯里蘭卡登陸之後分成兩支，一支向西北駛往霍爾木茲海峽地區，另一支則前往現在的孟加拉。第五次是一四一七至一四一九年，鄭和此次航行的主要目的是護送十九個國家的外交使節回國，其中包括斯里蘭卡的使節。第六次航海，鄭和也到了斯里蘭卡。第七次也是最後一次航海，是一四三一至一四三三年。鄭和船隊於一四三二年十一月二十八日在科倫坡以南約六十公里處的貝魯瓦拉（Beruwara）登陸，並於同年十二月二日離開前往印度的卡利卡特。

除了洛娜說的貝魯瓦拉以外，在斯里蘭卡南部城市馬德拉附近，有個地方叫「中國口岸」（Cheena-Muwadora）。當地人說，這個地方也可能是鄭和當年登陸的地點之一。

鄭和碑傳奇

　　鄭和本人是回教徒，但他也尊崇佛教和其他宗教。每次經過錫蘭，他都要到佛寺燒香、布施、祈福。一四〇九年，鄭和第二次親臨斯里蘭卡時，在南部城市高爾的一個寺廟樹立了著名的「布施錫蘭山佛寺碑」，人們通常把它簡稱為「鄭和碑」。

　　鄭和碑的發現充滿傳奇色彩。一九一一年，英國砲艦工程師托馬林（H. F. Tomalin）在高爾城克里普斯路口（Crips）的下水道裡偶然發現了一塊被用作下水道蓋板的石碑。此碑高 144.8 釐米、寬 76.2 釐米、厚 12.7 釐米，頂部兩角呈圓拱形，上方刻有二龍戲珠的浮雕，四周飾以花紋；背面光滑平整，無文字；正面則有用中文、泰米爾文和波斯文三種文字鐫刻的碑文。三種碑文內容有所不同，但都表達了對佛祖釋迦牟尼、婆羅門教保護神毗瑟奴和伊斯蘭教真主的尊崇和敬仰。這三種碑文引起斯里蘭卡歷史學家和考古專家的極大興趣。為破譯以上三種文字，他們請教了印度的考古學家和古文字專家。

　　中國駐斯里蘭卡使館曾經通過斯文化部，與國家博物館館長南達・維克勒馬辛哈博士（Nanda Wickramasinghe）取得聯繫。南達女士提供了上世紀六〇年代拍攝的布施錫蘭山佛寺碑照片一套，供中國文字、歷史、藝術等諸多領域專家研究、辨認。

為加強對鄭和碑的保護，二〇一四年五月，應斯里蘭卡遺產部的邀請，由江蘇省文物局副局長殷連生、南京博物院研究員強明中等三人組成的工作組來到斯里蘭卡，對鄭和碑碑文進行拓片，並為鄭和碑加裝了玻璃罩。

鄭和碑碑文

　　布施錫蘭山佛寺碑中文（繁體）碑文如下：

大明

皇帝遣太監鄭和王貴通等昭告於

佛世尊　曰　仰惟慈尊　圓明廣大　道臻玄妙　法濟群倫　歷劫河沙　悉歸弘化　能仁慧力妙應庶方　惟錫蘭山介乎海南　客言梵剎　靈感翕彰　比者遣使詔諭諸番　海道之開　深賴慈祐人舟安利　來往無虞　永惟大德　禮用報施　謹以　金銀織金　紵絲寶幡　香爐　花瓶　紵絲表裡燈燭等物　布施佛寺　以充供養　惟

世尊鑑之

總計布施錫蘭山立佛等寺供養

金壹阡錢　銀伍阡錢　各色紵絲伍拾疋　各色絹伍拾疋　織金紵絲寶幡肆對　納紅貳對　黃壹對　青壹對　古銅香爐伍箇戧金座全　古銅花瓶伍對戧金座全　黃銅燭臺伍對戧金座全　黃銅燈盞伍箇戧金座全　硃紅漆戧金香盒伍箇　金蓮花陸對　香油貳阡伍伯觔　蠟燭壹拾對　檀香壹

拾炷

旹永樂柒年歲次己丑二月甲戌朔日謹施

解讀鄭和碑

碑文記述了鄭和等受明朝皇帝派遣，下西洋時來到斯里蘭卡巡禮聖蹟，布施香禮，表明鄭和此行是和平之舉。碑文的落款為永樂七年歲次己丑二月甲戌朔日，即一四〇九年二月。這清楚地表明鄭和在一四〇九年前後數次訪問過斯里蘭卡，而且還反映了當時中斯兩國友好交往的盛況。

鄭和碑拓片

在一塊石碑上刻以三種文字，對三種宗教表示敬仰，這一方面反映了鄭和對各主權國家人民的尊重和他本人的宗教寬容性，另一方面也反映出鄭和船隊希望他們所從事的經濟、文化交流活動不受宗教差異的影響。可以說，這塊石碑是鄭和寬容與和平精神的象徵。

斯里蘭卡學者認為，鄭和下西洋是一個極為重要的歷史事件，鄭和碑的發現表明當時中國和斯里蘭卡之間有著良好的合作關係，尤其是良好的商業合作關係，這是一種平等互利的關係。鄭和下西洋將中國和斯里蘭卡的友好交往關係大大向前推進了一

鄭和船隊

步。鄭和碑充分體現了鄭和以及中國大明朝廷的廣
闊胸懷和平等、寬容精神，這與西方殖民者後來入
侵斯里蘭卡時修城堡、掠財物，強迫斯里蘭卡人改
變宗教信仰的做法形成鮮明的對照。

　　布施錫蘭山佛寺碑業已成為中斯友誼的歷史見
證。

亞烈苦奈兒事件

　　鄭和是偉大的航海家，他為增進中國同亞非國家，包括同斯里蘭卡的友好關係作出了傑出的貢獻。但他也做過一些錯事。他把亞烈苦奈兒擄至中國就是一例。

岡波拉時期分裂的錫蘭

　　中國和斯里蘭卡的歷史書籍稱亞烈苦奈兒為「錫蘭王」或「科提王」，這與事實不符。

　　鄭和下西洋時，正值錫蘭（斯里蘭卡）岡波拉王朝（1345-1412）和科提王朝（1412-1597）時期。

　　岡波拉王朝時期是一個兵荒馬亂的時代：國內諸侯混戰，南印度潘地亞王國軍閥加克拉瓦蒂（Arya Chakrawarthi）率兵占領斯北方，並幫助當地泰米爾人建立賈夫納王國。賈夫納王國實力很強，不僅占據北方，還控制著岡波拉王國許多地方，特別是西南海岸的港口，在這些地方收取捐稅，並以「納貢」為名索取岡波拉王國的財富。錫蘭中原地區的僧伽羅族諸侯也不服從岡波拉朝廷。岡波拉王朝實際控制地區僅限於岡波拉和拉伊蓋馬地區，不僅如此，岡波拉王朝居然有兩個君主：國王布瓦內哥巴胡四世坐鎮岡波拉，另一個國王巴拉克拉馬巴

忽五世坐鎮戴利戞馬。懾於泰米爾人的囂張氣勢，巴拉克拉馬巴忽五世逃往斯里蘭卡南方。岡波拉王朝苟安一隅，管不了北方，也管不了中原，王朝內部也分崩離析。所以，當時真沒有什麼「錫蘭王」！

阿拉加科納拉家族

說到亞烈苦奈兒，不能不說說阿拉加科納拉家族。

一三五六年，維克拉馬巴忽三世（Wikramabahu 3）在岡波拉即位，其妹夫尼桑卡‧阿拉加科納拉（Nisanka Alagakkonara）任王宮總理大臣。

斯里蘭卡歷史學家認為，阿拉加科納拉家族來自南印度克拉拉地區，遷居斯里蘭卡西南部（有人說他們有馬來人的血統），後做生意發了財，逐步進入王宮任職。他們當中，尼桑卡最為傑出。為消除泰米爾人在這一地區的影響，尼桑卡在科倫坡以東不遠的科特（Kotte）建立軍事要塞，驅逐來自賈夫納王國的收稅官，並多次擊退賈夫納王國的軍事進攻，從而控制了科倫坡和其他西部港口的國際貿易。尼桑卡財大權重，名聲大震。他因此也我行我素，獨斷專行，甚至不把國王看在眼裡。國王維克拉馬巴忽三世逝世後，尼桑卡讓兒子繼承王位，史稱布瓦內卡巴忽五世（Bhuvanekabahu 5）。尼桑卡

繼續當總理大臣，成為當朝攝政王。尼桑卡死後，其子庫馬爾·阿拉加科納拉（Kumara Alagakkonara）繼任總理大臣之職。但不久，庫馬爾被他的表兄弟，即他姑媽的兒子維拉·阿拉克斯瓦拉五世（Vira Alakesvara 5）趕走，後者擔任了總理大臣。再後來，維拉·阿拉克斯瓦拉五世的兄弟維拉巴忽（Virabahu）也爭這個職位，兩人兵戎相見，維拉·阿拉克斯瓦拉五世戰敗，逃往印度。維拉巴忽掌權數年後死去，其子繼位。一三九九年，維拉·阿拉克斯瓦拉五世從印度回國，從其侄子手中奪回總理大臣的職務，成為岡波拉王朝羅依加馬（科特）地區的實際統治者。但他沒有奪取王位，仍是大臣。

亞烈苦奈兒其人其事

維拉·阿拉克斯瓦拉五世就是中國史書所說的亞烈苦奈兒（阿烈苦奈兒）。《明史》稱，「（錫蘭山）今國王阿烈苦奈兒，鎖裡人也，崇祀外道，不敬佛法，暴虐凶悖，靡恤國人，褻慢佛牙。」

大明永樂三年（1406 年），鄭和來到斯里蘭卡，祭祀佛廟，並勸亞烈苦奈兒「敬崇佛教，遠離外道」。不料，亞烈苦奈兒勃然大怒，意欲加害鄭和。鄭和知道他的意圖，就離開了錫蘭，去古裡（今印度南部）經辦貿易。

錫蘭為東西海上交通要衝，是鄭和船隊北上印

度、西去東非的必經之地。鄭和深知，如果這個地方不通暢，就難以打通通往更遠之處的海路。回國後，鄭和向明成祖稟報了這一情況，成祖隨即敕令鄭和「再往錫蘭山」。

永樂七年（1409年）三月，鄭和再次來到錫蘭。史書說「及和歸，復經錫蘭山，遂誘和至國中，令其子納言，索金銀寶物。不與。潛發兵五萬餘劫和舟，而伐木拒險，絕和歸路，使不得相援。和等覺之，即擁眾回船，路已阻絕，和乃潛令人由他道至船，俾官軍盡死力拒之，而躬率所領兵二千餘，由間道急攻王城。破之，生擒阿烈苦奈兒並家屬頭目」。

這就是說，鄭和再次來到錫蘭山，就照明成祖的旨意，再次勸亞烈苦奈兒改正錯誤。亞烈苦奈兒「益慢不恭」，不僅不聽勸告，反而讓他兒子出面索要金銀財寶，遭鄭和拒絕。亞烈苦奈兒便與兒子合謀搶劫鄭和的船隊。他先把鄭和等人請到島上，派遣5萬軍隊堵住鄭和的歸路，再派另一部分軍隊去搶劫船隊。鄭和得知這一情報，急忙回船，但道路已被阻塞。鄭和分析，亞烈苦奈兒大部分兵力已經出營，內部一定空虛，於是親率兩千人馬，乘虛攻占了亞烈苦奈兒在科特的城堡，生擒了亞烈苦奈兒和他的家屬及官兵。

永樂九年（1411年）六月十六日，遠航歸來的鄭和將亞烈苦奈兒一干人等帶到殿堂。眾大臣主張將他處以極刑，成祖皇帝力排眾議，對亞烈苦奈

兒等採取了寬大優待的政策，先讓他們在中國暫住，待鄭和四下西洋時把他們送回錫蘭，免其職，封耶巴乃那（即巴拉克拉馬巴忽六世）為王。

鄭和將亞烈苦奈兒及其家屬和官兵擄至中國，實為一個錯誤。因為這不符合明朝皇帝的意願。永樂十年（西元 1412 年）七月十三日，鄭和將亞烈苦奈兒及其隨行人員一併隨船帶回錫蘭。

斯里蘭卡史書在記述這一事件時稱，亞烈苦奈兒被俘後，其勢力衰落，巴拉馬巴忽六世抓住機會，統兵來到科特，接管了國家政權。

巴拉克拉馬巴忽六世 —— 斯里蘭卡最偉大的國王之一

斯里蘭卡歷史記載，巴拉克拉馬巴忽六世（Parakramabahu 6）一四一二年登基，在位期間，他結束了諸侯割據，擊退了外來入侵，並於一四五〇年平定賈夫納王國，實現了國家的統一，成為真正的錫蘭王。他是斯里蘭卡歷史上最後一個完成國家統一的君主。斯里蘭卡歷史學家認為，「巴拉克拉馬巴忽六世當政時期是斯歷史上的幸運時代」，「巴拉克拉馬巴忽六世無疑是本島最偉大的國王之一」。

鄭和與巴拉克拉馬巴忽六世（中國稱其為「不剌葛麻巴忽剌批」）建立起深厚的友誼。據《明史》記載：不不剌葛麻巴忽剌批於明永樂十四年（1416

年）和永樂十九年（1421 年）兩度訪華。其後，
又於宣德八年（1436 年）、正統十年（1445 年）和
天順三年（1459 年）三次遣使來華，贈送珍貴禮
物，如珍珠、珊瑚、寶石、水晶、金戒指、西洋布
乳香、木香、樹香、檀香、沒藥、硫黃、藤竭、蘆
薈、烏木、碗石等物。

巴拉馬巴忽六世在位五十五年，為斯里蘭卡帶
來和平與繁榮。不幸的是，他逝世後，錫蘭又陷入
無休止的內爭外患之中，全國一分為三：西南部的
科提王國、中部山區的康提王國、北部泰米爾人的
賈夫納王國。科提王國一度最為強大，但其國王維
耶巴忽七世（1519-1521 年在位）去世後，又分裂
為三個更小的王國。

一五〇五年後，葡萄牙人占領了蘭卡西部沿海
平原和北部賈夫納一帶，在那裡建立葡人政權，和
中部康提王國並存。一六五八年，荷蘭人取代了葡
萄牙人的地位。一七九六年，英軍占領東北部海港
亭可馬里、北方的賈夫納和西南的科倫坡。一八一
五年，英軍趁康提宮廷發生內亂之機攻取康提，占
領錫蘭全境。錫蘭從此成為英國的殖民地。

《中國科學技術史》作者、英國近代生物化學
家和科學技術史專家李約瑟（Joseph Needham）在
評論鄭和下西洋的壯舉時說：東方的航海家中國人
從容溫順，不記前仇，慷慨大方，從不威脅他人的
生存，雖然以恩人自居。他們全副武裝，卻從不征
服異族，也不建立要塞。

錫蘭王子及其後人的傳奇故事

王子後代訪故國

　　二〇〇〇年十二月七日，斯里蘭卡文化部長高伯拉瓦與我（時任中國駐斯大使）會見時表示，希望生活在中國的錫蘭王子後代能派代表訪斯。二〇〇二年三月十四日，斯里蘭卡佛教部前副部長普雷馬拉特納來到中國駐斯使館，他告訴我，錫蘭有位王子曾訪問中國，回國途中在福建泉州滯留定居，並改姓「世」。他說，斯里蘭卡學者曾到福建考察，得知王子後代「正統」已到了台灣，後來在台灣彰化發現了世氏後代。普雷馬拉特納說，斯國際文化基金會有意在僧伽羅新年期間（4 月 5-17 日）邀請在台灣的世氏家族派團來斯尋根，希望得到中方的理解和支持。

　　我說，歷史上確有一位錫蘭王子留居中國，中國《明史》有相關記載。這說明我們兩國不僅是朋友，而且是親戚。錫蘭王子是在福建泉州「落地生根」的，如果邀請王子後裔來斯訪問，必須有王子在福建泉州的後裔代表。

　　普雷馬拉特納同斯國際文化基金會商量後，表示同意我的意見，邀請海峽兩岸的錫蘭王子後代同時來斯訪問。

二〇〇二年六月十一日，來自福建泉州的錫蘭
王子後人許世吟娥以及泉州海外交通史博物館館長
王連茂、研究員劉志成，與來自台灣彰化的世來發
夫婦和兒子以及一位研究人員共七人組成的尋根團
來到斯里蘭卡。這雖然只是一項民間活動，但斯里
蘭卡有關部門和中國駐斯使館都給予足夠的重視，
並為此訪作了為期十天的周到安排。代表團到達當
晚，我和夫人設宴為他們接風。十二日上午，科特
市市政廳為他們舉行了一個有三百人參加的歡迎儀
式。下午，斯文化部、中國駐斯使館和斯國際文化
基金會為代表團舉行歡迎宴會。斯執政黨—統一國
民黨副領袖、內閣能源部長賈亞蘇里亞和我出席並

歡迎錫蘭王子後裔宴
會。左起：中國駐斯
大使江勤政，斯統一
國民黨副領袖、內閣
能源部長卡魯·賈亞
蘇里亞，王子後裔許
世吟娥和世來發。

講話，對錫蘭王子後代回蘭卡尋根問祖表示歡迎。

代表團還參觀訪問了康提等文化旅遊城市。

這是錫蘭王子後裔代表第一次踏上他們先祖的土地，受到斯社會的廣泛關注。錫蘭王子及其後裔的傳奇故事為中斯傳統友誼又增添了濃墨重彩的一筆。

錫蘭王子定居泉州的歷史證據

前面提到，不剌葛麻巴忽曾兩度訪華，並三次遣使來華。他派往中國的最後一位使者是他的太子世利巴交喇惹。一四五九年，太子搭乘鄭和堂弟、泉州港港督鄭遠的船到達中國福建泉州港。緣於昔日鄭和與不剌葛麻巴忽國王的友誼，鄭遠給予王子以隆重盛情接待，並親自護送王子到達北京，晉見大明英宗皇帝。

一路舟車勞頓，抵達京城已是寒冬，王子水土不服，一病不起。明英宗恩准鄭遠陪同王子到泉州養病。他這一去，就再沒有回錫蘭。王子沒回錫蘭的原因，有兩種說法，據清代《世家族譜‧錫蘭祖訓》的記載：「吾祖以錫蘭君世子充國使，於前明永樂間來華入貢。蒙賜留京讀書習禮。厥後歸途路經溫陵（泉州），因愛此地山水，遂家焉。」這就是說，王子定居泉州是出於對泉州這方土地的熱愛。另一種說法是，成化二年（1466 年），正當錫蘭王子打點行李準備回國時，傳來噩耗：父王病

逝，父王的外甥巴羅剌達繼承了王位。這就是說，王子定居泉州是迫不得已。

當時，世利巴交喇惹已三十有九，經鄭遠牽線，迎娶了一位蒲姓阿拉伯貴族女子為妻。

世氏家族在泉州繁衍生息，一度成為當地的名門望族。明朝萬曆年間的舉人世賽望、清初著名舉人世拱顯就是他們當中的佼佼者。《泉州府志》稱：「世拱顯，字爾韜，號小山，泉州人，本錫蘭君王之長子世利巴交喇惹之後。」

發現「世家坑」

錫蘭王子定居泉州的史實，引起中斯兩國文化界人士的注意。

早在一九八五年，中國文化部外聯局亞洲處就向《泉州晚報》社轉達了斯里蘭卡駐華大使館提出的關於在泉州尋找錫蘭王子世利巴交喇惹後裔的請求。泉州文史界千尋百覓，得出結論：世拱顯之後，在泉州找不到「世」姓家族的蹤跡。尋訪工作不得不暫行停止。錫蘭王子後裔在哪裡，一度成為一個不解之謎。

揭開這個謎的人是泉州考古工作者劉志成。一九九六年，他在市郊東嶽山麓發現了「世家坑」摩崖石刻。同時，在「世家坑」周邊發現二十八方石碑，大都刻有「錫蘭」及「使臣世公」「通事世公」字樣。其中一尊墓前的長石上刻有一對呈交合狀的

世家坑墓碑

蛇形圖案，後經斯考古學家赫特拉奇教授鑑定，「其圖騰名為納格布圖瓦（Nagaputtuwa），寓意人丁繁盛，是一種崇拜、祭祀祖先的象徵」。同時，對於墓前的一對石獅，斯考古專家得出的結論是：「它有古錫蘭國的造型風格，系錫蘭國科提王朝之前的亞巴忽瓦王國時期的獅子造型，年代大約在十四世紀末，即中國的明朝時期。」斯專家組通過實地考察及查閱史料，最終結論為：「這座古墓的主人，當是斯里蘭卡的傳人，它很可能就是錫蘭王子之墓。」

　　為了做好「世家坑」錫蘭僑民墓的保護工作，當地文物保護部門對世家坑墓區進行了大規模清理。由於擔心墓碑被盜，泉州海外交通史博物館決定將已發現的二十八塊墓碑暫時遷往館內保存。當地政府於一九九八年四月十日將「世家坑」列為市級重點文物保護單位。

王子後人今安在？

「海交館」移走世家坑墓碑，令一位叫許世吟娥的女子坐臥不安。因為按當地習俗，祖墳被挖，這可是犯了大忌。更使她不能容忍的是，「世家坑」錫蘭僑民墓區文物保護碑剛剛設立，清源山風景區竟將墓區承包給當地村民，準備開發成果園，推土機正開進墓區平整土地。在這種情況下，許世吟娥不得已打電話給新聞媒體，促成政府相關部門出面制止。正是因為她的這一通電話，使得塵封幾百年的泉州錫蘭王子後裔世氏家族的神祕面紗終被揭開。

《百家姓》中沒有「許世」這個姓。那麼，許世吟娥與世姓有什麼關係？許世氏是錫蘭王子的後代嗎？

據許世吟娥說，她懂事起就問父親，咱們家為什麼姓「許世」？父親說：「許世不是複姓，而是兩個姓，只屬於我們家。」父親解答得很敷衍，她想知道為什麼，但望著父親嚴肅的面孔，她就沒有再追問下去。許世吟娥成年後，父親帶著她的三個弟弟移居海外創業，她作為長女留守泉州，父親這才把五百年的家族傳奇經歷告訴了她。

原來，世家祖上多為單傳，到第十四代世隆公娶朱文娟後，又只生二女，無男丁。為續「香火」，世隆就讓次女世益娟招泉州本地一男青年許闆入贅，從此，許闆改名為世闆。至世闆壽終時，

許氏親人見許闆辛苦一生，生前沒名沒分，求其死後能恢復原姓。其子世九經深思熟慮後，將世闆出殯時的遺像及幡幢上的世姓前添加「許」字，成為許世闆。從此以後，其後裔改姓為許世氏。時至今日，居住在泉州的世氏家族，其祖廳上掛的祖先遺像均寫「許世」氏。目前，該世家支系除許世吟娥及個別幾人外，多數定居香港。

　　一九九八年，《泉州晚報》首次披露了錫蘭王子後裔許世氏在泉州的消息。消息傳至台灣後，錫蘭王子在台灣的後裔十分欣喜，數次派人來泉州尋根問祖。二〇〇五年，錫蘭王子在台灣的第十九世孫世坤宗、世美貴、世周秀媚、世雅如一行四人，在許世吟娥的陪同下來到位於泉州清源山下西湖畔的中國閩台緣博物館施工現場，將珍藏數百年的《世家族譜》親手交給博物館籌建處。世坤宗深情地說：「我們通過媒體了解到錫蘭王子的第二故鄉泉州正在建設中國閩台緣博物館後，對該館的建設十分關注。我們覺得《世家族譜》記載著閩台世家淵源的重要史實，是見證閩台緣的珍貴文獻，因此結合泉州世家坑尋根之旅，特地攜帶這部族譜前來捐贈。」

　　泉州陸續發現錫蘭王子及其後裔留居泉州的文獻和文物，引起斯里蘭卡政府的高度重視。二〇〇〇年，斯佛教部副部長普雷馬拉特納及學者到泉州實地考察和尋找相關遺跡，拜訪許世吟娥，察看世家坑古墓群及相關文物與文獻，經過反覆求

證，確定許世吟娥正是錫蘭王子的後裔。於是，二〇〇二年六月，斯里蘭卡政府向這位居住在中國的「錫蘭公主」發出邀請，希望她能「回家」看看。這就出現了本文開頭所描述的那一幕。

斯里蘭卡政府關懷王子後裔

錫蘭王子後裔回斯里蘭卡尋根以後，雙方的接觸日益頻繁。斯駐華使館經常邀請許世吟娥作為嘉賓出席他們組織的活動。

二〇一〇年七月十八日，許世吟娥應斯里蘭卡大使阿穆努加馬的邀請，前往上海參加世博會斯里蘭卡國家館日活動。斯里蘭卡總理迪薩納亞克·賈亞拉特納三次親切接見許世吟娥。總理對許世吟娥說，他了解許世吟娥的家族，知道她的祖先曾是斯里蘭卡的國王，這段歷史在斯里蘭卡的史書上也有記載。賈亞拉特納總理問起了許世吟娥的家庭和錫蘭王子後裔的詳細情況，並邀請許世吟娥一家多到斯里蘭卡走走。許世吟娥也熱情邀請賈亞拉特納總理來泉州做客。

二〇一五年六月八日，許世吟娥應上海電視台的邀請，前往故鄉斯里蘭卡參與大型紀錄片《海上絲綢之路》的拍攝工作。在結束拍攝任務回國的前一天（6月18日）晚上，她見到了斯里蘭卡總理維克勒馬辛哈和佛教部長卡魯·賈亞蘇里亞（現為議會議長）並出席他們舉行的宴會。賈亞蘇里亞部

長轉達了斯總統西里塞納對「錫蘭公主」的問候。維克勒馬辛哈總理歡迎許世吟娥再次回到故鄉，希望她多宣傳斯里蘭卡，促進更多的中國遊客來斯里蘭卡旅遊。最後，許世吟娥將從泉州帶去的一幅《老君岩》刻紙及一本介紹「海上絲綢之路」的書—《泉州》贈送給總理。

　　許世吟娥把所有這些榮譽看成是中斯友誼的真實體現。作為斯里蘭卡旅遊形象大使，她願為促進中斯兩國旅遊合作與交流作出自己的貢獻。

友誼篇

不忘「三森」為中斯友誼所作的貢獻

一九四八年錫蘭獨立後，在對華關係方面做了兩件大事：一件是承認新中國，另一件是同中國簽訂貿易協定（大米橡膠協定）。

成就這兩件大事，錫蘭政壇三位高人功不可沒。他們是：D·S·森那納亞克（Don Stephen Senanayake）、達德利·森那納亞克（Dudley Sheldon Senanayake）和 R·G·森那納亞克（Richard Gotabhaya Senanayake），史稱「三森」（3S）。

D·S·森那納亞克是錫蘭民族獨立運動領導人，他和他的同事們經過多年與英國殖民當局抗爭，使錫蘭獲得獨立，成為英國的自治領。一九四八年，D·S·森那納亞克就任錫蘭第一屆政府總理。一九五二年 D·S·森那納亞克逝世後，其子達德利繼任總理職務。R·G·森那納亞克是達德利的堂弟，在達德利內閣中擔任商業和貿易部長，成績卓著。二〇一三年，斯政府將科倫坡市格雷戈里路更名為「R·G·森那納亞克路」，以示對他的紀念。

D·S·森那納亞克審時度勢，宣布承認中華人民共和國

一九四九年十月一日，中華人民共和國宣告成立，中國歷史進入新紀元，中國外交也翻開了新篇章。新中國政

錫蘭首任總理 D・S・森那納亞克

府宣布：「凡與國民黨反動派斷絕關係，並對中華人民共和國採取友好態度的外國政府，中華人民共和國中央人民政府可在平等、互利及互相尊重領土主權的基礎上，與之談判，建立外交關係。」

新中國的這一努力，得到社會主義國家和一部分新獨立的民族主義國家的積極響應，但受到以美國為首的西方國家的強烈抵制。

美國對新中國採取政治上孤立、經濟上封鎖、軍事上包圍的方針，企圖將新生的共和國扼殺在搖籃裡。美國不僅自己拒絕承認新中國，而且阻撓其他國家承認新中國，並竭力阻撓恢復中華人民共和國在聯合國的合法席位。

英國基於中國共產黨在大陸建立起了穩定政權這一事實，從保持英國在華經濟利益、維護其在香港的統治地位以及疏遠中蘇關係等目的出發，工黨政府一九五〇年一月六日照會中國政府，宣布承認中華人民共和國中央人民政府為「中國法律上之政府」，表示願意在平等互利及互相尊重領土主權的基礎上與新中國建立外交關係，同時聲明英國已取消了對國民黨政府的承認。

新中國成立時，錫蘭同中國國民黨政府有外交關係。一九四八年二月四日，國民黨政府曾派其駐印度大使羅家倫作為特使前往錫蘭出席獨立慶典。不久，雙方建交，國民黨政府派領事楊冕煌和主事李鶴壽駐科倫坡。錫蘭方面則一直未派使節駐南京，其有關事務由英國駐南京的大使館代為辦理。

一九五〇年一月七日，英國承認中華人民共和國的第二天，錫蘭政府通過英國駐華領事高來含（W. G. Graham）照會中國政府，表示願同新中國建交，宣布「錫蘭政府承認中國中央政府，並同時通知國民黨政府駐錫蘭領事，錫蘭政府與其政府迄今存在的關係即行終止」。一月九日，中國外交部通過高來含答覆錫方，表示願在平等互利及互相尊重領土主權的基礎上與錫蘭建立外交關係，並希望錫蘭政府派代表前來北京就此進行談判。

一九五〇年三月二日，錫蘭總理兼外交部長D‧S‧森那納亞克經英國談判代表胡階森（J. Hutchinson）照會周恩來總理兼外長說，錫蘭政府由於缺乏人員，尚無法派出代表赴北京談判，亦無法考慮短期內在中國設立外交機構，建議暫時委託英國駐京代表為錫蘭代表；並稱，根據一九四七年錫英外交協議，在錫蘭未派出外交代表之國家，如經錫蘭政府之請求，英國得以其代表為錫蘭代行職務。三月十三日，中國外交部經英國談判代表胡階森轉交周恩來總理致錫蘭總理的照會，同意接受英國駐京談判代表為錫蘭政府代表。

為實現兩國建交，中國方面曾多次對錫蘭方面進行試探。一九五二年十月四日，周恩來總理會見錫蘭政府貿易代表團團長R‧G‧森那納亞克時，曾請他轉告錫蘭政府，中方建議互換使節，至於互換何種級別使節則由錫蘭政府決定。R‧G‧森那納亞克表示，錫蘭願同中國建交，如中方同意，即

可互換使節。但錫蘭不願派人赴京談判，理由是錫蘭沒有這樣的慣例。不久後，錫蘭總理達德利接見美國駐錫大使時也說，錫蘭是最早承認新中國的國家之一，中國有權要求在錫蘭設立大使館，不必依據貿易協定。這都說明，錫方願同中國建交，隨時可以互換使節。事實上，錫蘭在北京有她的代表，只不過由英國人代行職務罷了。沒有很快建交的原因是，錫方不想派人去北京談判，而這一點是中方堅持的。據說，錫蘭政府內部有人對一九五〇年中國要求錫蘭派人去北京談判就存有怨氣。他們抱怨說，當年中印建交時中國並未要求印度派人赴京談判，卻偏要錫蘭派出談判代表。

中錫建交、互換使節問題就這樣拖延下來，但這並未成為雙邊貿易的障礙。

兩大難題

錫蘭是一個以種植園經濟為主的農業國，耕地的三分之二種植橡膠、茶葉和椰子等經濟作物，只有三分之一種植糧食作物。財政收入很大程度上依賴三大產品出口，糧食則靠進口。一九五〇年六月朝鮮戰爭爆發後，美國大量囤購橡膠等軍用物資，引起世界橡膠市場的混亂。為了對中國實行封鎖和禁運，一九五一年四月，美國強迫馬來亞禁止向中國出口橡膠，接著又同泰國、印度尼西亞訂立壟斷橡膠協定。由於美國囤積橡膠過多，又限制國內民

用膠的消費量，減少從產膠國的進口，致使世界市場橡膠供過於求，膠價急遽下跌。如一九五〇年十二月橡膠價格每磅為 0.735 美元，到 一九五一年九月跌至 0.245 美元，僅為九個月前價格的三分之一。橡膠價格的暴跌，使錫蘭等主要產膠國在經濟和財政上遭受巨大損失，錫蘭的許多橡膠園難以維持，三十萬割膠工人面臨著失業的威脅。

那時候，錫蘭每年需進口大米大約四十萬噸，但國際市場米價飛漲，到一九五二年，米價已是戰前的一點五倍。由於主要產米區東南亞糧食減產，錫蘭進口大米遇到困難。

在這種情況下，錫蘭政府糧食和農業部長奧裡沃·古納蒂拉克前往美國尋求幫助。但美國堅持要用很低的價格收購錫蘭的橡膠，而以高出國際市場的價格向其出售大米。古納蒂拉克空手而歸。錫蘭政府在編制新的年度預算時遇到困難，財政部長賈亞瓦德納請求美國提供五千萬盧比的貸款，也沒有得到滿意的答覆。

R·G·森那納亞克為中錫大米橡膠貿易的達成立下汗馬功勞

嚴重的經濟困難，特別是大米的短缺，激起錫蘭民眾的不滿。各政黨、社會團體和橡膠生產組織強烈呼籲政府開展對中國的貿易，以橡膠換大米。

錫蘭政府內部在對華貿易問題上分為兩派：一

派反對同中國進行橡膠貿易，他們認為大米短缺只是暫時的，一年後緬甸大米即可照常供應。另一派主張與中國簽訂大米橡膠貿易協定，這一派以商業和貿易部長 R・G・森那納亞克為代表。圍繞錫中貿易問題，議會展開了激烈的辯論。R・G・森那納亞克在議會發表了激動人心的講話，強調「只要這種貿易符合雙方利益，意識形態不應成為兩國貿易的障礙。特別是中國，這個和我們同在亞洲的國家，幾個世紀來首次有了統一和聯貫的政府，必將成為世界貿易的重要成員。忽略中國這個擁有五億人口的國家是不現實的」。他的講話得到多數議員的支持，議會最終為協議亮了綠燈。錫蘭總理兼外長達德利・森那納亞克權衡利弊，支持關於開展對華貿易的主張。

其實，早在一九五〇年，中國就開始從錫蘭購買橡膠，但數量很少，只有七十五噸。一九五一年四月，新加坡宣布禁止向中國出口橡膠後，錫蘭成為中國進口橡膠的主要來源地，中國從錫蘭私商那裡購買的橡膠量激增。錫蘭政府雖然受到美國的壓力，但由於中國購買錫蘭橡膠數量大、價格高，因而沒有阻止其私商向中國出口橡膠。

一九五二年六月，錫蘭糧食部長向當時正在錫蘭訪問的中國銀行印度分行經理表示，錫蘭準備從中國進口十萬噸大米。中方為爭取錫蘭供應橡膠，很快答覆同意。隨後，錫官方表示願派代表赴北京進行貿易談判，中方亦表示歡迎。九月十二日，錫

蘭總理兼外長達德利·森那納亞克致函周恩來總理兼外長稱，他將派政府貿易代表團來華商談雙邊貿易問題。

為籌備即將舉行的中錫談判，一九五二年九月十日，中國對外貿易部以部長葉季壯和第一副部長雷任民的名義擬訂了《對錫蘭貿易談判方案》，報送中央財經委員會。方案提出，要本著平等、互利和友好的態度進行貿易談判。由於首次談判對恢復與開展東南亞貿易至關重要，所以在談判中要儘可能滿足對方要求，並儘快達成協議；可以訂立一年（1953 年）或較長期（兩三年）的協議，主要內容為確定供應大米與橡膠。為此，儘管目前國際市場上大米價格特別高、橡膠價格特別低，中方也要準備在價格等方面作必要的讓步。方案還提出了其他的進出口商品，如準備進口錫蘭的椰子油、胡椒等，出口豆類、絲綢、煤、硫黃、麵粉及輕工業品等。中央財經委員會批准了外貿部的方案。

以商業和貿易部長 R·G·森那納亞克為團長的錫蘭政府貿易代表團於九月十七日抵達廣州，十九日抵京；二十二日起，同以葉季壯為團長的中國政府貿易代表團就兩國貿易協定舉行了會談。此外，錫蘭代表團團員方塞卡等代表錫蘭政府，中國代表團團員盧緒章等代表中國政府，還就大米問題進行了討論，並在祕密和非正式的基礎上就橡膠問題進行了初步討論。這是中錫首次貿易談判，但由於雙方對開展大米橡膠貿易的意願都非常強烈，談

判進展相當順利。雙方很快就成交商品的數量、交付方式以及協議期限等問題達成一致，只是在成交價格上一時還難以最終敲定。

十月二日，周恩來總理召集陳云（副總理）、葉季壯、雷任民、盧緒章（對外貿易部三局局長）、陳家康（外交部亞洲司司長）開會，商議中錫簽訂貿易協定事。對於外貿部談判代表團反映的價格問題，周恩來從打破美國封鎖、禁運的大局出發，指示外貿部：賣給錫蘭的大米以國際市場價格售出，進口錫蘭橡膠則以高於國際市場價格百分之五到八購進。

按照周總理的指示，中國代表團很快以優惠的價格與錫方達成協議。十月四日，葉季壯和R·G·森那納亞克代表各自政府簽署了《中錫貿易協定》《中華人民共和國政府售予錫蘭政府八萬噸大米的合同》以及關於雙方代表在討論大米和橡膠問題時涉及若幹事項的兩個備忘錄。貿易協定規定，雙方每年出口額預期達到二點五億錫蘭盧比。備忘錄建議，自一九五三年起，以五年為期，中方每年向錫方出口二十七萬噸大米，錫方每年向中方出口五萬噸橡膠。這裡應當說明的是，這兩個備忘錄包含的內容不是協議，只是意向，是繼續談判的基礎。

錫蘭貿易代表團對這次談判的結果十分滿意。R·G·森那納亞克說：「這次會談的成功對錫蘭維持獨立的對外貿易政策具有決定性的作用」，「中

國對錫蘭平等相待,並在貿易條件上如此照顧,這與西方國家以殖民地對待錫蘭形成強烈對照。」他還指出,錫蘭是南亞國家中第一個向中國派遣政府代表團並與之簽訂貿易協定的國家,這將成為南亞國家的良好榜樣。

由於當時錫蘭迫切需要大米(至 1952 年底錫蘭缺米 7 萬噸),協議簽訂後,中國政府立即指令上海市安排出口大米工作。十月二十五日,上海港開始裝運供應錫蘭的大米。十一月二十二日,當第一批大米運抵科倫港口時,錫蘭人民聚集在碼頭上歡迎,場面十分熱烈。

R·G·森那納亞克此次北京之行滿載而歸。他為自己的祖國爭取到了一項好協議,他個人也得到一件好禮物。這是怎麼回事呢?原來,他在北京訪問時把自己的手杖弄丟了,周總理知道後,專門為他定製了一根「百壽」紫檀木手杖,上面刻有一

江勤政與 R·G·森那納亞剋夫人和斯資深政治家羅尼德梅爾先生合影。

百個「壽」字，寓意平安長壽。森那納亞克回國後，捨不得用這根手杖，就把它掛在客廳的牆上，讓來客分享他的喜悅。

那時我還很年輕，所以沒見到過 R・G・森那納亞克本人。他於一九七〇年去世。後來，我們看望森那納亞剋夫人時，森夫人深情地說起了這段往事。

達德利・森那納亞克總理衝破阻力，毅然決定同中國簽訂長期貿易協定

中錫達成貿易協定後，美國採取了停止收購錫蘭橡膠、停止對錫援助，迫使緬甸等國停止向錫蘭出售大米，禁止向錫蘭供應橡膠植保所需硫黃，促使日本停止向錫輸出鋼鐵等一系列措施，對錫蘭施加壓力。

一九五二年十月，美國駐錫蘭大使還就中錫貿易問題約見錫蘭總理達德利・森那納亞克，提出交涉。他指責錫蘭同中國簽訂貿易協定「非常錯誤」，並稱：錫蘭從中國購買大米，美國可以理解，但錫蘭不應將大批戰略物資售與中國，並簽訂長期協定。印度也購中國大米，但並未給中國戰略物資。錫蘭同中國簽訂貿易協定，中國今後可據此要求在錫蘭設立大使館，進行共產主義宣傳。這不僅危害錫蘭本身，而且會危害正在幫助錫蘭的一些國家同錫蘭的友誼。美國大使試探，如果美國給錫

蘭更滿意的條件，錫蘭可否取消同中國的貿易協定。

達德利·森那納亞克總理對美國大使說：錫蘭（同中國簽訂貿易協定）做得很對。印度未賣戰略物資給中國，也許是因為獲得了大量美援。錫蘭是最早承認新中國的國家之一，中國有權要求在錫蘭設立大使館，不必依據貿易協定。至於美國給錫蘭滿意的條件，我們已等了一年多，現在才準備給滿意條件，為時已晚。即使能獲得兩倍於我們從中國獲得的利益，或者給我們五百噸黃金，為了榮譽和尊嚴，錫蘭也不能那麼做。錫蘭是一個年輕的國家，不懂得外交，但懂得哪裡有高尚行為，哪裡才有和平。美國不要因此對錫蘭施壓。

美國的壓力未能使錫蘭屈服，反而使其更加堅定了同中國開展貿易的決心。錫蘭建議錫中雙方進一步協商，解決一九五二年九月貿易談判中的未決問題，也就是兩個備忘錄所涉及的問題。

一九五二年十一月十一日，達德利·森那納亞克總理致電周總理，通知中方錫蘭政府批准了《中華人民共和國政府售予錫蘭政府八萬噸大米的合同》，原則同意《中錫貿易協定》和兩國政府關於大米和橡膠的兩個備忘錄。他還通知周總理，錫蘭決定派遣政府貿易代表團前往北京繼續談判。

十二月一日，以錫蘭駐緬甸公使方塞卡為團長的錫蘭代表團同以外貿部副部長雷任民為團長的中國代表團開始談判。十八日，雙方達成並簽訂《中

達德利·森那納亞克

一九五二年十月四日，中錫兩國在北京簽訂貿易協定（即米膠協定）。

華人民共和國中央人民政府與錫蘭政府為了買賣橡膠和大米而簽訂五年橡膠和大米貿易協定以及第一年合同的公報》和《中華人民共和國中央人民政府和錫蘭政府關於橡膠和大米的五年貿易協定》。協定規定，自協定經雙方政府批准之日起，在五年內，錫蘭政府同意賣出，中國政府同意買進，錫蘭橡膠輸往中國，每年計五萬噸；中國政府同意賣出，錫蘭政府同意買進，中國大米輸往錫蘭，每年計二十七萬噸。協定還對橡膠和大米的價格、離岸條件和協定的修改、延期等問題作出了具體的規定。

周恩來總理十分重視這次中錫米膠貿易談判，對雷任民在談判期間報送的請示報告都迅速作出批示，對中方談判給予及時指導。協定簽署後，周恩來寫信給毛澤東並朱德、陳雲等中央領導：「中錫

貿易談判，已於今日談妥簽字。我們的收穫是，錫蘭以政府形式擔負每年出賣五萬噸橡膠給我們以五年為期的義務，並承認橡膠漲價時，我們亦有權同時提出重議大米價格。錫蘭的收穫是，我們擔負每年出賣二十七萬噸大米亦以五年為期的義務。一九五三年橡膠價格為三十二便士一磅，大米我們讓至與今年一樣五十四英鎊一噸。」「如此，一噸膠等於五點五七噸米。」「此事擬於後日發一公報，以影響東南亞。」

中錫《關於橡膠和大米的五年貿易協定》真正體現了平等互利原則。這一協定解決了錫蘭的三個主要問題：建立了穩定的大米供應渠道，中國大米的供應約占其全年進口大米數量的四分之三；獲得了全部膠片的固定市場，約占其全部橡膠生產量的二分之一，保證了錫蘭三十萬橡膠工人免於失業；錫蘭政府在財政上得以增加收入九千一百萬盧比，約占其一九五三年財政收入的十分之一，彌補了財政赤字的四分之一。對於中國來說，則在相對公平的條件下獲得了緊缺原料的供應。兩國以大米和橡膠互補餘缺，克服了各自硬通貨不足的困難，也體現了相互支援和友好合作的精神。

這個協定的簽訂，對新中國開展對南亞和東南亞各國的貿易起了積極的推動作用。一九五三年底，中國又迎來印尼經濟代表團，雙方簽訂了貿易協定。第二年，印尼開始對中國出口被美國禁運的橡膠。一九五四年四月，中緬之間也簽訂了為期三

年的貿易協定。這個時期，中國同這些國家的貿易
往來雖然十分有限，意義卻很重大，成為新中國打
破美國封鎖禁運政策的重要突破口。

一九七〇年九月十二日，周總理會見伊蘭加拉
特納部長率領的錫蘭經濟代表團，在談到兩國的橡
膠換大米協定時，他說：這個協定是從達德利・森
那納亞克先生執政時開始的，那時我們援助朝鮮戰
爭，需要橡膠，他敢於抵抗美國的壓力，以橡膠來
換我們的大米，這需要很大的勇氣。從一九五二年
開始到現在搞了十八年，這個協定沒有被破壞，一
直進行了下來，這證明這個貿易是在平等互利的基
礎上進行的，給全世界作出了一個很好的榜樣。國
家不分大小，貿易應平等互利。

周恩來巧妙解決「超價」問題

一九五七年八月，中錫兩國政府開始商談簽訂
第二個五年貿易協定。談判地點在北京，中國政府
代表團團長仍是對外貿易部副部長雷任民，錫蘭政
府代表團共有兩位團長（又稱聯合團長），一位是
財政部駐國會秘書維傑辛哈，另一位是外交部駐國
會秘書蘇巴辛哈。這次談判的主要問題在於是否在
第二個五年貿易協定中繼續規定每年購買橡膠時付
給錫蘭「超價」。

所謂「超價」，指的是一九五二年中錫米膠協
定簽訂的時候，中國同意進口錫蘭橡膠以高於國際

市場價格百分之五到八購進。到一九五七年，情況發生了變化，橡膠市場已經解禁，印尼、新加坡、馬來亞等國也開始向中國出口橡膠。中國代表要求取消「超價」，錫方代表要求維持「超價」，談判形成僵局。很明顯，如果不妥善處理「超價」問題，第二個中錫五年貿易協定將無法達成。雷任民將這一形勢向周恩來作了匯報。

八月十五日，周恩來在北戴河接見了錫蘭貿易代表團的兩位團長以及錫蘭駐華大使，葉季壯和雷任民在場陪同。周恩來說：我了解到中錫兩國貿易代表團在談判中出現了一些困難，這些困難是付不付「超價」的問題。現在印尼、緬甸等亞洲國家已經能夠對中國出口橡膠了，假如今後我們向錫蘭購買橡膠再付「超價」，對這些國家就很難講話了，而這些國家也都是我們的友好國家。你們也承認這是我們的困難，同時你們也有你們的困難，因為戰時美國大量地搾取了你們的橡膠，所以你們需要進行橡膠翻種計劃。為了進行這個計劃，你們就需要些幫助。周恩來接著指出，我們彼此之間都有困難，而這些困難要分開來解決。錫蘭橡膠同中國大米和其他商品的交易應該在正常的情況下根據平等互利的原則進行，那就是要根據雙方已經談妥的平衡原則，錫蘭方面開放私商經營中錫貿易，等等，這對今後中錫貿易的進行有好處。另一方面，我們也要照顧到錫蘭的困難，因此，可以出些力量幫助錫蘭的橡膠翻種計劃，但這是另外一個問題。周恩

來還向他們了解了橡膠翻種計劃的一些情況，如完成期限、需要多少錢等。最後，周恩來說，我們願意把這兩個問題，即貿易和援助分開來談，希望團長閣下向貴國總理反映一下這些情況。維傑辛哈回答說，他一定將周恩來的意見向錫蘭總理報告，並表示對周恩來願意給予援助的好意非常感謝。

將貿易和援助分開來談，即橡膠貿易按照公平的市場價格，但中國同時給予錫蘭經濟援助，支持其橡膠翻種計劃。周恩來的這一設想得到了錫蘭政府的贊同。此後，中錫政府貿易代表團的談判進入了比較順利的階段，其他問題也逐步得到了解決。九月十九日，中錫兩國政府在北京簽訂了中錫五年貿易和支付協定（1958-1962）。同時，簽訂了一九五八年中錫換貨議定書以及中錫經濟援助協定，規定中國政府將在五年內對錫蘭的橡膠翻種計劃提供七千五百萬錫蘭盧比的經濟援助。

二〇〇二年十二月二十日，斯里蘭卡政府舉行招待會，慶祝中斯貿易協定簽訂五十週年，斯統一國民黨副領袖賈亞蘇里亞（左2）等出席。

一九五三年實施米膠協定至今，中斯貿易經歷了三個階段。第一階段，從一九五三年至一九七九年，全部為易貨貿易，雙方交換的商品均通過兩國銀行開立的清算賬戶支付。第二階段，從一九七九年至一九八三年，米膠維持易貨，其他商品交換以現匯支付。第三階段，從一九八三年起至今，雙方交換的商品全部實行現匯支付。長期以來，中斯貿易在平等互利的原則基礎上得到順利發展。據斯里蘭卡統計局公布的數據顯示，二〇一四年，斯里蘭卡對中國雙邊貨物貿易額為三十六點二億美元，中國成為斯里蘭卡的第二大進口來源地和最大援助國。

「珍貴的朋友」

——所羅門‧班達拉奈克先生

所羅門‧班達拉奈克（Solomon West Ridgeway Dias Bandaranaike）一八九九年一月八日生於一個信奉基督教的錫蘭最大種植園主家庭，早年在牛津大學攻讀法律，回國後投身政治，參加國民大會，是斯里蘭卡民族獨立運動的先驅之一。他一九三一年改信佛教，加入統一國民黨，一九四六年任統一國民黨副主席。

錫蘭獨立後，班達拉奈克當選為第一屆眾議員，任衛生和地方行政部長。一九五一年，他創建了當今斯里蘭卡政壇兩大政黨之一的自由黨。他認為應該依靠五大社會力量：佛教僧侶、教員、傳統醫生、工人和農民；主張取消英國在錫蘭的海軍、空軍基地，主張將銀行企業收歸國有，使錫蘭真正成為一個獨立自主的國家。

一九五六年四月，他領導人民聯合陣線在選舉中取得壓倒性勝利，出任總理兼國防和外交部長。班達拉奈克奉行中立的外交政策，與社會主義國家建交，為中錫關係的發展作出了不可磨滅的貢獻。

中錫建交談判

所羅門‧班達拉奈克

　　班達拉奈克對華友好，組閣後即發表談話，表示願同中國互換使節，他本人願意訪華。

　　周恩來總理在一九五六年六月二十八日舉行的第一屆全國人民代表大會第三次會議上對班達拉奈克總理的表態作了積極回應。他說，中國政府歡迎錫蘭政府的友好表示，建議兩國互換使節。

　　七月十八日，班達拉奈克總理舉行記者招待會，宣布錫蘭擬派政府代表團訪華，研究兩國建交的可能性。七月二十六日，錫蘭駐印度高級專員正式通知中國駐印度大使館，錫蘭政府擬於九月第一週派團訪華，為兩國建交作準備。七月底，中方覆函表示同意。

　　九月八日，以特使、錫蘭駐英國高級專員勞克德‧科里亞為首的錫蘭政府代表團抵達北京，同以外交部副部長章漢夫為首的中國政府代表團就兩國在互惠基礎上設立外交代表、擴大兩國貿易和經濟合作、加強文化聯繫等問題舉行了會談。錫蘭政府代表團在華期間分別受到毛澤東主席和周恩來總理的親切接見，並參觀了北京、遼寧、上海、廣州等地。

　　九月十四日，章漢夫和科里亞分別代表中國政府和錫蘭政府簽署《中華人民共和國政府代表團和錫蘭政府代表團聯合公報》。公報說，雙方同意：（1）向各自政府建議，一經做好必要安排，雙方即

在對方設大使級外交代表；（2）應該在互利的情況下，擴大兩國的貿易關係。為達此目的，兩國應儘快開始商談，以便締結一項貿易和支付協定；（3）應該在互助的基礎上發展兩國的經濟合作。為實現這一目的，兩國應儘快開始商談，以便締結一項技術合作協定；（4）雙方向各自政府建議，利用中華人民共和國貿易代表團即將訪錫之機，雙方就實施上述（2）（3）兩條協議進行商談；（5）為促進兩國人民之間更為密切的友誼和相互了解，應該加強兩國的文化聯繫。

兩國建交已水到渠成，萬事俱備，只欠東風。這東風就是周總理的訪問。

周總理訪問錫蘭，與錫蘭人民一道歡慶錫蘭獨立九週年

一九五七年一月三十一日至二月五日，周恩來總理、賀龍副總理應錫蘭總理所羅門‧班達拉奈克的邀請訪錫。當時中錫尚未建交，但周總理一行仍受到錫政府和人民空前隆重熱烈的歡迎。

二月五日，兩國總理簽署並發表聯合聲明，強調兩國將遵守並促進實施萬隆會議關於各國共處和合作的五項原則；反對敵對性軍事集團，支持裁軍；加強亞非團結，反對帝國主義和殖民主義的侵略和擴張；主張國際爭端應通過相互諒解和和平談判求得解決。周總理邀請班達拉奈克總理訪華，班

達拉奈克總理欣然接受了邀請。

二月四日是錫蘭獨立九週年紀念日。當天上午，正在錫蘭訪問的周恩來總理代表中國政府和中國人民向班達拉奈克總理髮了一封賀信，祝賀錫蘭獨立九週年。當天下午六時，科倫坡萬名市民在獨立廣場舉行錫蘭獨立九週年慶祝大會。錫蘭總理班達拉奈克和內閣閣員們出席大會。坐在台上的一位高僧首先講話，表示歡迎周恩來總理來訪，稱周恩來為中國人民的英雄。他還號召人民支持班達拉奈克政府。周恩來應邀在集會上講話——他是第一個被邀請在錫蘭獨立日慶祝大會上講話的外國政治家。錫蘭眾議院議長伊斯梅爾‧馬拉拉塞克拉擔任翻譯，把周總理的講話翻譯成僧伽羅語。周總理在講話中首先熱烈祝賀錫蘭人民贏得獨立的勝利，會場響起熱烈的掌聲。

天公不作美，周總理講話才幾分鐘，就下起雨來了。與會群眾中，帶傘的紛紛撐開了傘，沒有帶傘的大都留在會場，少數人跑到附近亭子裡避雨。雨越下越大，周總理的衣服濕了，他仍然繼續他的演講。工作人員給他打傘，他做了一個手勢表示婉拒。看到此情此景，人們報以響亮的歡呼聲。他們一個個注視著周總理，一動不動地聆聽他的講話，早先去躲雨的人們也都陸續回到會場。周總理說：錫蘭是一個與中國有悠久聯繫的國家。近幾年來，我們之間以大米換橡膠的貿易對我們兩國的經濟都發揮了十分有利的影響，因而在我們兩國人民之間留下了很深刻的印象。我們同古納蒂拉克總督、班達拉奈克總理和錫蘭政府其他領導人還是第一次會面，然而大家卻感到像老朋友一樣。我們看到這個富饒美麗的島國是名副其實的印度洋上的一顆珍珠。錫蘭人在古代就有了令人欽佩的卓越成就；現在，在擺脫了四百多年的殖民統治以後，又以很大的熱情創造自己的新的生活。他們是值得我們欽佩的朋友。我們滿意地看到，錫蘭政府和人民執行著維護和平的獨立政策。錫蘭總理班達拉奈克和我們舉行的會談取得了十分滿意的結果。我們主張促進五項原則的實施，主張加強亞非國家的團結，主張不同制度的國家和平共處，主張國際爭端應該和平解決，支持裁軍，主張禁止核武器，反對成立敵對性的軍事集團，反對強權政治。我們相信，這些主張的實現，定能有助於世界和平的加強。周恩來總

理的講話一次又一次被掌聲打斷。

　　班達拉奈克總理也發表了講話。他說，錫蘭政
府的對外政策已經使錫蘭在世界各國中得到了許多
新朋友。他說：「我們和中國之間在看法上可能有
分歧，但是我們大家認識到那個國家的偉大和那個
國家的政府正在為中國人民的福利而進行的偉大的
建設工作。」他說，他毫不懷疑，周恩來總理的訪
問「將大大有助於加強我們兩國之間的友好聯繫，
並且促進相互的諒解和合作，這不但有利於我們兩
個國家，而且有利於亞洲團結和世界和平的事
業」。在談到國內問題的時候，他希望改進農業和

工商業，從而增加國家財富和解決嚴重的失業問題。班達拉奈克總理的講話也一再被掌聲打斷。

慶祝儀式結束了，雨還沒有停下來。周恩來總理和隨行的賀龍副總理一面揮手，一面雙手合十，向參加大會的群眾致意。群眾沒有散去，紛紛蜂擁到台前向中國客人揮手致意，「賈亞威瓦！」的口號聲此起彼伏，直到中國客人乘車離開（在僧伽羅語裡，「賈亞威瓦」是祝您勝利的意思）。

當天下午四時，周恩來總理和賀龍副總理參加了在眾議院草地上舉行的已故錫蘭第一任總理 D·S·森那納亞克塑像揭幕儀式。眾議院議長馬拉塞克拉在演說中稱 D·S·森那納亞克為「這個國家最偉大的愛國者」和「國父」。錫蘭總督古納蒂拉克為塑像揭幕。

周總理這次訪問轉達了中國人民對錫蘭人民的友誼，增進了彼此的了解。訪問結束後，中錫兩國於當年二月七日正式建立大使級外交關係。同年三月和七月，錫蘭駐華大使威爾莫特·亞伯拉罕·佩雷拉（Wilmot Abraham Perera）、中國駐錫蘭大使張燦明先後到任履職，中錫關係史揭開了新的一頁。

周總理深情回憶錫蘭之行

一九五七年三月五日，周恩來總理在中國人民政治協商會議第二屆全國委員會第三次全體會議上對此次錫蘭之行作了高度評價。他說，我們這次訪

周恩來總理在錫蘭農
村。（供圖：FOTOE）

問中最後到的是錫蘭，這也是一個與中國有悠久聯
繫的國家。錫蘭人民給了我們最熱烈的歡迎。我們
在這個島上進行的廣泛的旅行中，到處都遇到成千
上萬的人群向我們歡呼友好。

周總理最後指出：我們感到特別欣慰的是，中
國和錫蘭現在已經建立了正式的外交關係。班達拉
奈克總理也已經答應今年要到中國來訪問，我們期
待在北京再一次同他歡聚。

一九五九年三月二十六日，中錫兩國政府簽署
航空運輸協定。同年四月，中斯雙方商定，所羅
門‧班達拉奈克總理應周恩來總理邀請，定於當年

九月訪華。為迎接班達拉奈克總理的到來，中國方面進行了認真細緻的準備工作，其中包括周總理在歡迎宴會上的講話要譯成僧伽羅語，並事先安排正在中國駐錫蘭大使館學習僧伽羅語的外交官到宴會現場念稿。

非常遺憾的是，班先生後來遭遇不幸，此次訪問未能成行。

「我們失去了一位珍貴的朋友」

那是一九五九年九月二十五日上午，班達拉奈克和往常一樣，在總理官邸接見來訪者。當他看到兩個和尚時，馬上前去行禮。突然，一個和尚從袈裟下掏出手槍，向班達拉奈克連開六槍。班達拉奈克身受重傷，被送往醫院搶救，兇手當場被擒。經檢查，有四顆子彈穿過班達拉奈克的肝臟和脾臟。由於傷勢過重，班達拉奈克於二十六日上午與世長辭。

周恩來總理得知班達拉奈克先生遇刺，極為震驚，當天晚上就趕到錫蘭駐華大使館弔唁，並請錫蘭大使轉達他對班達拉奈剋夫人的深切慰問。

這次刺殺事件是一次有組織、有預謀的活動。錫蘭人民出於對班達拉奈克總理的真摯感情，強烈要求嚴懲兇手及其幕後支持者。後來，在班達拉奈克遇難一週年之際，兇手們最終受到審判，得到其應有的下場。

她受到中國人民的敬仰

班達拉奈剋夫人

從家庭主婦到「女政治家」

　　班夫人原名西麗瑪沃‧拉特瓦特克，一九一六年出生於錫蘭最富有的家庭，二十四歲時與錫蘭傑出政治家所羅門‧班達拉奈克結婚。班夫人不僅是位溫順的妻子和盡職的母親，還是丈夫的得力助手。

　　一九五九年九月二十五日，所羅門‧班達拉奈克遇害，班達拉奈克家族和所羅門領導的自由黨陷入絕望之中。為了應對迫在眉睫的新一屆大選，自由黨力勸班夫人出山。她先是躲避、推讓，最後還是接受了。

　　一九六○年五月，班夫人當選自由黨主席。她參加競選的方式非常簡單：身著雪白的紗麗，一言不發，以淚洗面。選民和她一起泣不成聲。她贏得了民心，在同年七月的大選中獲勝，出任總理兼國防、外交和宣傳廣播部長，從一位妻子、私人秘書變成了一個國家的領袖，成為世界上第一位女總理。

　　這在當時震動了整個世界，以致於當時的英國報紙不得不創造了一個新詞 ──「女政治家」（stateswoman）。英國《倫敦晚報》的一篇文章這樣

寫道:「在這之前，還沒有『女政治家』一詞，現在可要用上這個新詞了。在女性地位問題一直是社會一大障礙的亞洲國家，發生這樣的事真是令人難以置信。」從此，班夫人開始了自己漫長、坎坷、充滿傳奇的政治生涯。

班夫人遵循丈夫的遺願，實行私人企業國有化和土地改革，並把僧伽羅語定為官方語言。她的政策得到民眾的支持，但也有人批評她的這些措施過於激進。在一九六五年三月舉行的大選中，自由黨遭遇失敗，班夫人成了反對黨領袖。

五年後，自由黨在一九七〇年五月的大選中獲勝，班夫人再次當選總理。一九七二年五月二十二日，經她的政府提出、議會批准，頒布了《斯里蘭卡共和國憲法》，將國名由錫蘭改為斯里蘭卡。憲法宣布「斯里蘭卡為自由、主權、獨立的共和國」，從而最後結束了對英國的一切依附關係。

一九七七年七月，班夫人領導的自由黨在大選中慘敗。在國會一百五十七個席位中，該黨從九十席驟降到八席。一九八〇年十月，班夫人被控在執政期間濫用職權，被剝奪公民權七年，並被取消國民議會議員資格。班夫人跌入了她政治生涯的低谷。

一九八八年，班夫人恢復公民權後重返政壇，並參加了當年的總統選舉，但輸給了她的對手—統一國民黨領袖拉納辛哈・普雷馬達薩。一九九四年八月，她又因為健康原因退出了議會選舉。

一連串的挫折，並沒有將班夫人擊垮。幾個月後，她的女兒錢德里卡‧庫馬拉通加夫人在總統選舉中戰勝對手，當選為斯里蘭卡歷史上第一位女總統。經自由黨提名，班夫人再次出任總理。

班夫人在第三次當選總理後自豪地說：「我的勝利其實是斯里蘭卡全體婦女的勝利。」從政四十年間，班夫人曾先後三次出任總理，並且還一直擔任自由黨的領袖。七〇年代，她與當時的印度總理英迪拉‧甘地和以色列總理梅厄夫人並稱世界政壇「三女傑」。

調解中印邊界爭端

一九六二年，印度不斷蠶食中國領土，以至最後發動大規模的進攻。中國不得不進行自衛反擊，後又主動採取停火和後撤措施，使邊境衝突很快停止下來。中國駐錫蘭大使謝克西及時向錫總理班達拉奈剋夫人通報了有關情況。

當時的班夫人從廚房走入政壇不過兩年半的時間，她日理萬機，忙於處理國內事務。看到與錫蘭關係友好的兩個國家——中國和印度發生了邊界衝突，她心急如焚。

十二月十日至十二日，班夫人在科倫坡主持召開了有錫蘭、阿拉伯聯合共和國（即埃及）、柬埔寨、緬甸、印度尼西亞、加納六個亞非國家的代表出席的會議，試圖調停中印邊界爭端。會議之前，

周恩來曾於十二月九日致電班夫人並轉科倫坡亞非六國會議，介紹中印邊界形勢，表示中國採取的主動措施已經使邊境衝突停止下來，使局勢有所緩和。周恩來表示：在這個時候，中國政府高興地看到，亞非六個友好國家舉行會議，將為促進中印雙方重開談判而進行協商。中國政府衷心地預祝會議成功。

為了讓科倫坡會議六國了解中印邊界問題真實的歷史和現狀，闡述中國政府的立場和態度，十二月十一日，周恩來再次致電班夫人並轉與會各國代表團團長，邀請六國領導人或其代表訪華，同中國政府交換意見。

十二月三十一日，班夫人飛抵北京，受到隆重接待。除周總理出面接待和主持會談外，劉少奇主席會見她並主持歡迎宴會，毛主席和宋慶齡副主席分別在杭州和上海會見了她。

雙方就中印邊界問題進行了三天會談。周恩來坦誠地告訴班夫人，中國政府和他本人從來都是主張和談的，無論遇到怎樣難以談判的對手，都不會放棄談判。

　　幾天的會談下來，班達拉奈剋夫人嘆服周恩來的說服力和實事求是精神。雖然科倫坡會議沒有找到一個完善的辦法來解決中印邊界問題，但是在兩國發生衝突、糾紛時，友好國家來幫忙、協助解決，還是有益和必要的。

　　後來，班夫人把這次調解活動寫入了她的回憶錄。在「中印邊界爭端·一九六二」這一章裡，她寫道：

　　一九六二年，當中國和印度之間發生被稱為邊界爭端的戰爭時，作為印度的鄰國並和兩個國家都保持著友好關係的斯里蘭卡左右為難。

　　我當時擔任斯里蘭卡總理兼外交部長，中國駐斯里蘭卡大使和印度高級專員分別給我打電話，解釋各自的立場。我們的立場是，作為中印兩國的朋友，我們應該在可能的情況下找到一個解決辦法。但兩國的外交官似乎對此立場並不滿意，印度尤其如此。

　　一天午夜十二點左右，中國駐斯里蘭卡大使打電話過來，說希望能立即拜訪我。大使告訴我們，中國軍隊已經進入了阿薩姆邦，並解釋說，中國是被迫這麼做的。不管是何種原因，而且不論他們這麼做有多麼正當，形勢都非常嚴峻：不

僅對於中國和印度，而且對於像斯里蘭卡這樣的周邊鄰國以及整個世界來說都是如此。

兩個大國開戰了，後果必將非常嚴重。我和其他官員都認為：我們不能、也不應該只是旁觀，必須用行動來緩和局勢。於是我們召集了包括埃及、緬甸和印度尼西亞等在內的部分不結盟國家的外交官員，這些國家跟中印雙方都有良好關係。我們一起討論了局勢，並決定向納賽爾總統、奈溫總統、西哈努克親王、蘇加諾總統、恩克魯瑪總統提出建議：我們應儘快在他們提議的任何國家舉行會晤，討論中印局勢並尋求解決辦法。他們迅速作出了回應並提議將斯里蘭卡作為會議地點。同時，我們也將正在採取的行動告知中國和印度。周恩來總理立即對此表示歡迎。不到一週，會議就召開了，共有六個國家到會。緬甸的奈溫總統、柬埔寨的西哈努克親王、埃及的阿里·薩布里總理以及印度尼西亞外交部長蘇班德里約、加納司法部長代表他們的國家出席會議。他們都來自不結盟國家，這對中國和印度來說都能接受。經過三天的商討，會議決定，派出一個使者訪問中印兩國。六國代表一致決定由我來擔負這一使命。我要求至少有一個與會國代表與我們同行，埃及總理阿里·薩布里同意前往印度，而印度尼西亞外長蘇班德里約同意前往中國。我想指出的是，印度報紙對斯里蘭卡不支持印度的態度提出了強烈批評。與此相對照的是，

從周恩來總理那裡發出的信息使會議走向了成功。

　　我承擔起了這一使命，外交部副部長費利克斯・班達拉奈克和其他必要的官員與我同行。我們首先到達北京。在那裡，蘇班德里約與我們會合。我們同周恩來總理等舉行了會談，並向中方遞交了六國會議的決議。中國領導人對我們所採取的措施表示讚賞，原則上同意接受這些決定。他們說，他們根本不想要印度哪怕一英寸的領土，只不過想讓妄自尊大的印度得到一個教訓。實際上，周恩來總理甚至提出加入我們的行列去訪問德里，跟印度領導人進行討論，以表明中方希望徹底解決這一問題的誠意。但在那個階段，我們還不知道印度將會採取什麼樣的立場，因此認為這一提議不太謹慎。我們從北京出發去杭州，在周總理的陪同下會見毛澤東主席。毛主席也解釋了他們的立場，並使我們確信，對於這一長期橫亙在兩個大國之間的問題，中國一直希望找到一個永久性的解決方案。隨後他對我們採取的行動表示感謝。而當北京的會談正在進行時，印度報紙對我們進行了猛烈的批評。

　　我們從中國向德里進發。離開北京前，中國政府原則上接受我們提議的消息傳了出去，這顯然出乎很多人的預料。此前，不僅印度報紙，斯里蘭卡的一些報紙也在批評、甚至奚落我們。「遊走於大魚中間的小魚們能做什麼？」他們這麼說。他們不明白的是，斯里蘭卡雖小，卻從來沒有效忠於任何大國或強國。中印領導人明白，

我們是真誠的，是作為真正的朋友和不結盟國家而伸出援手的。所以當我們去德里的時候，我們受到了非常誠摯的接待，尼赫魯總理前往機場迎接。我們向印度傳達了六國會議的決議、我們跟中國領導人的討論，以及他們有利於解決問題的回應。印度方面首次對我們的調解努力及所採取的措施表示了讚賞，並表示他們將全部接受六國會議的決定，而如果中國也全部接受這些決定的話，印度就準備討論解決方案。無論如何，邊境上的戰鬥停止了，那裡不再有戰火。我們的建議之一就是，雙方立即停火，並且回到各自的位置上去。後來，當週恩來總理訪問斯里蘭卡時，他告訴我們，即使印度採取敵對行動，中國也不會不通知六國就採取報復手段。

我相信，是我國政府對不結盟運動的承諾以及我們的真誠讓中印兩國的領導人接受了我們的建議。這是不結盟運動的一次偉大勝利。

兩次意義重大的訪問

班夫人是中國人民的老朋友，與中國老一代領導人有著密切交往。在中斯兩國的友誼史上，班夫人作出了巨大貢獻，永遠為中國人民所銘記。

一九六二年和一九七二年，她兩次作為總理訪華。任反對黨領袖期間，她也多次應民間團體之邀訪華。她的兩個女兒和兒子也都訪問過中國。

班夫人作為總理兩次訪華，都受到中國政府和人民的隆重歡迎。其中，班夫人一九六二年底至一九六三年初對中國的訪問是帶著科倫坡亞非六國會議委託的任務，這裡不再贅述。

　　一九七二年六月二十四日，班夫人第二次以總理身分訪華，周總理親自到機場迎接，並在機場舉行隆重的歡迎儀式。從機場到國賓館，沿途數十萬群眾夾道歡迎。他們表演歌舞，歡呼口號，長安街和天安門廣場成了花朵、旗幟和歌舞的海洋。所有這一切，給班夫人留下了深刻印象。班夫人和她的隨行人員在中國期間，訪問了北京、瀋陽、大連、上海等多個城市，參觀了農村、工廠、水利工程、名勝古蹟。中國人民給予斯里蘭卡總理的熱烈和熱情的接待，突出反映了中國人民對斯里蘭卡總理以及斯里蘭卡政府和人民的友好情誼。

　　訪問期間，周總理和班夫人在友好、誠摯和坦率的氣氛中，就重大國際問題、進一步發展中斯關係和合作以及其他共同關心的問題進行了廣泛的會談。兩國總理對斯里蘭卡共和國和中華人民共和國之間關係穩步和不斷地加強感到滿意。他們注意到，兩國政府和人民的合作已經在包括政治、經濟、貿易以及文化和體育等廣泛的領域中得到擴大和發展。班夫人對中國多年來給予斯里蘭卡的援助表示她個人和她的政府的深切感謝。在討論繼續進行兩國間的經濟合作時，班夫人向周總理介紹了她的政府實施五年計劃的概括的目標和戰略。她強調

了斯里蘭卡爭取實現經濟獨立和經濟發展這兩個目標的決心。周恩來表示：中國政府讚賞斯里蘭卡政府在班達拉奈克總理領導下為建設自己國家而作出的積極努力。為了支持斯里蘭卡發展民族經濟，中國政府決定向斯里蘭卡政府提供幫助。班夫人表示，作為不結盟國家，斯里蘭卡一貫主張不同社會制度和意識形態的國家在五項原則基礎上和平共處。周恩來則代表中國政府重申堅決支持斯里蘭卡政府奉行的獨立自主、和平中立的不結盟政策。

住釣魚台，坐紅旗車，見毛主席

新中國成立以後，中國共產黨和毛主席領導中國各族人民，自力更生，艱苦奮鬥，社會主義事業不斷發展，國際地位不斷提高，到上世紀七〇年代，各國政要紛紛來華訪問。他們來華少不了三件事：坐紅旗車，住釣魚台，見毛主席。

紅旗牌轎車誕生於一九五八年。當時中國第一汽車製造廠以克萊斯勒高級轎車作參照，根據中國民族特色，打造出了第一輛紅旗牌高級轎車。同年九月二十八日，第一輛紅旗檢閱車裝配完畢，當夜送往北京，向國慶十週年獻禮。一九五九年，從首批生產的三十三輛 CA72 型紅旗轎車中挑選出的十輛參加在天安門舉行的建國十週年慶典，引起全國轟動。從紅旗轎車的正式定型投產開始，紅旗車就成為毛澤東等中國領導人的專車。廣大人民群眾對

這款車寄予了深厚的感情。

一九六二年十二月，錫蘭總理班夫人訪華，周總理首先想到了一汽的這款紅旗轎車。何不用自己國家生產的小轎車去接待這位外國朋友呢?這可是展示「紅旗」風采的好機會啊！於是總理作出指示，要求第一汽車製造廠把他視察時曾乘坐過的那輛紅旗轎車運到北京接待錫蘭總理。

十二月三十一日，錫蘭總理就是乘坐這輛「紅旗」從機場到市內，又換乘「紅旗」檢閱車接受幾十萬群眾的夾道歡迎。就這樣，班夫人成為乘用紅旗車的第一位外國首腦。十年後，班夫人再次來華訪問，中方為她配備的還是紅旗車。

此後，美國總統尼克松、英國首相撒切爾夫人、德國總理科爾和其他很多國家的領導人訪華時，都使用紅旗車。

但是，紅旗車由於車身過重、油耗高和某些部件機械性能不夠穩定，自上世紀八〇年代起「下崗」，被「奔馳」和「卡迪拉克」等德國和美國名牌車替代。原來為外國領導人服務的紅旗車長期在車庫裡「休息」。

一九九七年五月，法國總統希拉克訪華。法方堅持，希拉克總統訪華期間只坐中國車或法國車，不坐別國的車。沒有辦法，中國方面只好從在車庫「賦閒」的紅旗車中挑選兩輛，經過保養，供希拉克總統使用。班夫人是乘用紅旗車的第一位外國領導人，而希拉克是上世紀最後一位使用紅旗車的外

國領導人。

　　釣魚台國賓館是坐落於北京海淀區玉淵潭東側的一處古代皇家園林，已有八百多年的歷史。現代的國賓館園區是由中國政府於一九五八年至一九五九年在古釣魚颱風景區基礎上擴建，用作國家接待外國元首和重要客人的超星級賓館。

　　一九六二年，錫蘭總理班夫人首次訪華，周恩來總理安排她住釣魚台國賓館。班夫人很高興。特別是當週總理說，「我們等候錫蘭總理訪華已經多年了！」班夫人立刻領悟到了中國總理對她丈夫所羅門·班達拉奈克總理的深情。班先生曾計劃於一九五九年訪華，中國方面為接待他作了細緻的準備。

　　毛澤東是中國人民的偉大領袖。一九六二年和一九七二年班夫人兩次以總理身分訪華，毛主席都會見了她，而且都有周總理陪同。一九七二年七月

一九七二年六月八日，毛主席在北京會見班夫人。

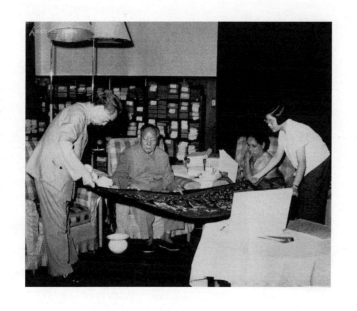

毛主席和周總理饒有興趣地觀看班夫人贈送的禮物。

十三日，斯里蘭卡《星期日觀察家》週刊刊登了班夫人接見《每日新聞》主編的談話，其中介紹了班夫人與毛主席的會見：「眾所周知，毛澤東主席是一位被四分之一人類尊敬的人物，這種尊敬包含著通常只有對天神才有的那樣的敬意。毛主席的思想已傳遍各大洲。他通常是不事先約會客人的。只有十分重要的，或者十分幸運的人才能見到這位偉人。自尼克松訪問以來，毛沒有接見過任何外國人。不久前的一天晚上，周恩來總理由兩名譯員陪同到北京西郊的國賓館拜訪了斯里蘭卡總理班達拉奈剋夫人一行。周總理帶來了喜訊：毛主席希望會見班夫人。他暗示，會見的時間是十五到二十分鐘左右。當天晚上，毛主席會見了班夫人。當二十分鐘到了的時候，班夫人謙和地表示她準備離開了。但是這時候的談話——關於斯里蘭卡、亞洲以及國

家建設的問題談話——已引起了毛的興趣，於是他繼續談了下去。當會見最後在一個半小時之後結束的時候，毛的活躍而精湛的思想已經馳騁於一個廣闊的、五彩繽紛的天地：他談到了人民和政治，談到了世間的萬物，談到了生活和歷史的創造，而且總是突然加上幾句風趣的話。」班夫人十四日在接見一位報界人士時，再次談到她同毛主席的會見，稱之為她最近的中國之行中最為難忘的時刻之一。

一九七六年九月，毛主席逝世。斯里蘭卡政府決定從九月十日至十八日全國下半旗八天，並宣布十八日為全國哀悼日。首都科倫坡一千五百人舉行追悼大會。甘博拉、賈夫納等八個城市也分別舉行了追悼會。班夫人在追悼會上說：「毛主席是人類歷史上最偉大的領導人之一。他對人類進步事業所作的巨大而不朽的貢獻不僅將為中國，而且將為全世界的世世代代所銘記」，「……人們很難有機會會見這樣的偉大領袖。我很珍視這樣一些會見，認為這些會見是我一生中難忘的大事。……他的名字將永遠閃耀在人類歷史上，從世界各國政府領導人的聲明中，可以看到他在國際舞台上的偉大形象。」

特別的佛教法會

斯里蘭卡是佛教國家，全國百分之七十的人信奉佛教。班夫人是虔誠的佛教徒，在緊張的訪華日

程中，她總是抽空去寺廟朝拜，體現了一位佛教信女的虔誠。在北京廣濟寺，她向寺院贈送了一尊觀音像。在廣州六榕寺，她做了布施。在杭州西湖畔，她在觀賞湖光山色之餘走進靈隱寺，法師為她舉行法會，為她祈求平安、幸福。

一九六三年一月八日，班夫人在上海訪問之際，正值她的丈夫所羅門‧班達拉奈克六十四週年誕辰，經周恩來親自安排，上海最大的佛教寺院玉佛寺延請六十四位高僧誦頌經典，為已故的班達拉奈克先生追薦冥福，表達了中國佛教徒和中國人民對錫蘭前總理的懷念。在周恩來陪同下，班夫人親臨玉佛寺參加這一儀式，深受感動，思念和感激的淚水衝開了她感情的閘門。

班夫人欣賞《楊門女將》，高興看到女的打敗男的

一九六三年元月，正在中國訪問的班夫人由周總理陪同到達上海。上海市招待班夫人欣賞京劇《楊門女將》。中央新聞電影製片廠副主編王永宏、攝影師韓德福、照明賈秋河等人隨班夫人一行拍攝。在北京時，他們同外交部禮賓司講妥，班夫人在京參加晚會的活動已拍了不少節目，外地的演出就不拍了。但是在看戲的時候，班夫人對周總理說：「這台戲很好，女的掛帥，把男的給打敗了。我是個女總理，在我們國家有些男人就看不起

我。」總理問：「你喜歡這台戲？」班夫人笑著點點頭。周總理給班夫人著重介紹了穆桂英唱的一句戲詞：「我不掛帥誰掛帥。」當攝影師把鏡頭對準班夫人時，發現她雙眼含滿了淚。總理說：「我們把這台戲拍幾個片斷，插在你訪華的紀錄片裡送給你。」班夫人表示感謝。

班夫人喜歡這台戲，總理答應給她拍幾個片斷，但沒有班夫人看戲的鏡頭怎麼行？於是，攝影師補拍了班夫人觀看《楊門女將》的鏡頭。

回到北京，片子洗出來後，基調很好，但因是採用新聞片現場搶拍的方法拍的，鏡頭零碎，不聯貫，加之又是無聲的，效果不太好。把它送人，拿不出手。於是，王永宏向禮賓司余沛文司長建議到上海重新補拍《楊門女將》。余司長同意了。王永宏於是帶領攝影、錄音、剪接等人員，用先期錄音的方法，在上影攝影棚裡完整地拍攝了一場戲—「校場比武」。

後來，這部片子製作成英文版送給了班夫人。據中國駐錫蘭使館後來反映，該片在錫蘭公開上映了，觀眾反響很好。

班夫人對中醫中藥頗為推崇

班夫人對中醫中藥頗為推崇。一九六二年訪華期間，周總理專門安排了中醫治療她的關節炎。一九七二年，周總理邀請班夫人再次訪華。這時的班

夫人患腰椎間盤突出、骨質增生、坐骨神經疼，難以承受繁重的參觀訪問任務。為了保證班夫人身體無恙，中方專門為她安排了隨訪大夫，一邊參觀，一邊治療。宋正廉大夫是隨訪大夫之一。他們隨班夫人坐飛機到大連，參觀後一到住地立即進行針灸加手法治療，夫人感到效果很好。就這樣坐火車到棒棰島，又坐飛機到上海，只要一住到賓館就治療，一路參觀訪問，病情不但沒有加重，而且感覺比以前輕多了。班夫人非常滿意，她說：訪問安排這麼緊張，走了這麼多的路，能堅持下來，多虧了你們。

劉壽山也為班夫人治過病，很受這位夫人的好評和敬重。有時班夫人來京，堅持要見劉老，周總理便派車把劉老請去作陪。

一九七九年，班夫人曾專程來華治療腿疾。此後，中國政府派出著名針灸專家赴斯為她繼續治療。

甘谷辣椒

周總理深知蘭卡人喜食辣椒，一九七二年班夫人訪華的一次宴會上，他特意讓廚師添加一碟佐餐油潑紅辣椒。用餐時，班夫人嘗了一口，感覺極好，指著油潑紅辣椒對周總理說：「這是什麼地方的辣椒？我吃過世界上好多地方的辣椒，今天嘗到的是最好的，能不能把這種辣椒出口到我們國家

去？」周總理說：「這種辣椒生長在中國西部黃土高原地區的甘肅甘谷縣。我們完全可以出口給貴國，這不僅是經濟合作，也是國際友誼！」

從此，甘谷辣椒大量出口到斯里蘭卡和其他二十多個國家和地區。

支持聯合國恢復中國的合法席位

在世界反法西斯戰爭中，中國與美、英、蘇等國共同作戰，中國人民的抗日戰爭是世界反法西斯戰爭的重要組成部分。

二戰結束後，在中、蘇、美、英、法等國的倡議下，一個旨在維護世界和平的國際組織—聯合國宣告成立。中國成為聯合國的創始國和安理會五個常任理事國之一。

新中國成立後，中華人民共和國政府作為代表全中國人民的唯一合法政府，理所應當享有中國在聯合國的席位。但是，由於美國的阻撓，新中國在聯合國的合法席位被逃到台灣的蔣介石集團所占據。

中國政府為恢復在聯合國的合法席位，進行了堅持不懈的鬥爭。隨著新中國的國際威望不斷提高，越來越多主持正義的國家支持中國重返聯合國。錫蘭就是其中之一。

自一九五六年至一九七一年中國進入聯合國為止的十五年中，錫蘭歷屆政府都支持恢復中國在聯

合國的合法席位，對恢復中國合法席位的提案投贊成票，對阻撓中國進入聯合國的提案投反對票。早在人民聯合陣線執政時期，所羅門‧班達拉奈克總理就曾在錫蘭舉行的紀念聯合國日大會上兩次提到恢復中國席位的必要性。班夫人在一九六一年和一九六四年兩次不結盟國家首腦會議以及一九七一年英聯邦總理會議上都強烈要求恢復中國在聯合國的合法席位。

錫蘭是第二十六屆聯大阿爾巴尼亞和阿爾及利亞等二十三國關於恢復中國在聯合國的一切合法權利、立即驅逐蔣介石集團提案的參加國。一九七一年十月二十五日，第二十六屆聯合國大會就這一提案進行表決。表決前，班夫人在大會發言，強烈要求恢復中華人民共和國在聯合國的合法權利，認為「支持兩個中國的任何政策就是承認一種虛構」。表決結果：七十六票贊成、三十五票反對、十七票棄權，提案以壓倒多數通過。頓時，會議大廳沸騰了。中國在聯合國的合法權利終於被承認了，這是中國和廣大主持正義的國家長期鬥爭而取得的重大勝利。該提案獲得通過後，班夫人致電周總理表示祝賀。

一九七二年六月班夫人再次訪華時，周恩來總理代表中國政府對斯里蘭卡政府為恢復中華人民共和國在聯合國的合法權利所給予的支持表示衷心的感謝。班夫人對於斯里蘭卡在促成第二十六屆聯合國大會的歷史性表決方面能起的作用表示滿意。

在發生叛亂的日子裡

一九七〇年五月，以錫蘭自由黨為主體的聯合陣線在大選中獲勝，班達拉奈剋夫人重新執政。一九七一年四月五日，維傑維拉領導的人民解放陣線發動了以推翻班夫人政府為目的的大規模武裝叛亂，被迅速平定。

由於叛亂的組織者打著擁護馬列主義和毛澤東思想的旗幟，錫蘭國內外反華勢力利用此事大肆造謠，挑撥中錫關係。錫蘭政府也一度產生誤解，懷疑中國是否捲入此事，要搜查中國援建的班達拉奈克國際會議大廈建築工地和中國駐錫使館進口的外交用品。

事發突然，中國駐錫蘭大使馬子卿迅即以使館名義向國內報告有關情況。中國政府對此極為重視。四月十六日深夜，周恩來總理緊急約見錫蘭駐華大使卡拉朗戈達（R. L. A. M. Karannagoda），詳細說明了中國對極左冒險活動的立場，明確表示反對針對班夫人政府的叛亂活動。周總理並於四月十六日和二十六日兩次向班夫人傳遞口信，重申中國政府和人民十分珍視中錫兩國的友誼，一貫遵循和平共處五項原則，從不干涉他國內政，也堅決反對任何國家干涉別國內政，堅決支持錫蘭政府維護國家主權、防止外來幹涉的鬥爭，對錫蘭政府迅速平定叛亂、控制局勢表示高興。

後來，意大利著名記者奧里亞娜‧法拉奇採訪

了班夫人。她寫道，叛亂發生時，班夫人「像一個家庭主婦在自己家裡失火時一樣向鄰居、路人、朋友、敵人，向所遇到的一切人求援，向一切樂於接受她的呼籲的人求救。問題解決了。第一個作出反應的國家是印度，它派去了五百名士兵、五架直升機和三艘監視海岸的快艇。第二個是巴基斯坦，派去了兩架直升機，贈送了軍裝、步話機和彈藥。第三個是英國，從新加坡派去六架從美國『借來』的直升機，還提供了武器和裝甲車。第四是南斯拉夫和埃及。到了月底，蘇聯派去五架『米格』飛機和六十餘名駕駛員、技術人員。中國捐獻了一點五億盧比，相當於一百五十七點五億意大利里拉，還有一封周恩來簽名的短信。」

班夫人對法拉奇說：「俄國人是同美國人、印度人、巴基斯坦人和英國人一起最早向我們提供援助的人。至於中國人，他們給我們軍事援助的時間晚了一點，那時暴亂已經基本平息，但是，他們提供巨款支援了我們，而且，周恩來對我的政府採取了十分友好和明確的立場。直至今日，我們沒有任何根據可以證明中國或俄國是暴亂的幕後指揮者。」

事實證明中國與這次叛亂無關。班夫人很快消除了疑慮，並於五月七日發表政府聲明闢謠，隨後又於五月二十六日公布了周恩來總理四月二十六日給班夫人的口信，以正視聽。

經過這次事件，中錫之間的相互了解和信任進

一步加深，友好合作關係獲得新的發展。根據錫蘭政府的要求，中國政府答應向錫蘭提供長期無息貸款和軍事裝備，並於一九七一年五月二十七日、七月六日、十月八日和一九七二年四月二十二日分別簽訂了中國向錫蘭提供一點五億現匯長期無息貸款協定、無償提供五艘護衛艇的議定書、提供十萬噸大米的長期無息貸款協定和提供陸軍裝備的協定。

班夫人談中國之行

一九七二年六月二十四日至七月五日，斯里蘭卡總理班達拉奈剋夫人對中國進行了正式訪問。毛澤東主席會見了班夫人。周恩來總理同班夫人進行了友好、坦誠的會談。雙方簽訂了經濟、技術合作協定和中國幫助斯里蘭卡興建棉紡織廠的協定。兩國總理髮表的聯合公報認為，第三世界國家在國際事務中正發揮越來越大的作用；表示堅決支持印度支那各國人民爭取民族解放的鬥爭；重申南亞次大陸懸而未決的問題應在完全平等、互相尊重領土完整和主權、互不侵犯、互不干涉內政、互利互讓的原則基礎上通過和平談判加以解決，而不訴諸武力和武力威脅。班夫人代表斯里蘭卡兒童向北京市兒童贈送了一頭小象——「米杜拉」（朋友的意思）。班夫人還訪問了瀋陽、大連和上海。

班夫人對這次訪問十分滿意。回國後，她多次發表談話，讚揚中國建設成就和對斯援助，特別是

對中國的自力更生精神印象很深。

　　以下是班夫人接見《每日新聞》主編的談話摘要。

　　記者：近幾年訪問過中國的要人，誰也沒像你那樣有機會同那麼多的中國高級領導人會見和交談。事實上，至少有一位英國記者認為，美國國會的兩黨領導人應當選擇一個更為合適的時間訪問中國，因為他認為，同中國政府和人民所給予你的隆重接待和崇高榮譽相比，他們的訪問相形見絀了。

　　我很想知道，你本人對此作何解釋？這是對你個人的讚賞呢，還是對我國的表彰？還是兼而有之？

　　班夫人：我不能說這是對我個人的表彰，雖然我必須承認，在我所到之處，人們的反應使我深受感動和十分激動。在北京、上海以及我訪問的其他地方，我都會見了中國黨和政府及地方的最高領導人，這也是前所未有的事情。但是，作為對你的問題的回答，我要說，這是對於我的政府的政策，當然，特別是對我們的對外政策的表彰。如你所知，我們的對外政策是由我已故的丈夫規定的嚴格的不結盟政策，是我們一貫尊重和奉行的政策。

　　記者：是否能請你詳細談談這一點?

　　班夫人：可以。中國各級領導人對我們對外政策方面的工作的詳盡了解給我留下了深刻的印

象。他們特別讚賞我們堅決致力於民族獨立和不結盟。他們對我說——我這是扼要地說——「你們是一個小國,我們知道你們國家有許多嚴重的問題和困難。但是,我們一直注視著你們是如何地不顧這些問題的存在而仍然毫不動搖地奉行不結盟原則。你們受到了各種壓力,有些大國甚至在經濟上懲罰你們。還有一些國家對你們國家進行了威脅。作為一個自由獨立的國家,你們的成績是可以引以為豪的。作為一個不結盟國家,你們國家可以成為其他各國的榜樣。」我要說,這些是他們講的話的要點。我認為,這種讚揚和尊重是真誠的。

記者:他們有著完全不同的政治和社會制度,這一點沒有使他們在理解我們的總的觀點方面有困難嗎?我是說,思想意識有沒有成為他們理解我國情況的障礙?

班夫人:不,這樣說不正確。他們沒有把意識形態上的問題帶到他們所說的國家關係中來。他們基本上關心的是我們在和其他國家的關係中是否遵循一種獨立的政策。至於我國的內政、我國的政治和經濟政策等,他們認為我們應該根據我們自己的願望和我們這裡的實際情況行事。

記者:他們對我國的實際情況,對我國的問題的性質和嚴重性了解的程度如何?

班夫人:我記得在報紙上看到過一篇文章,那篇文章中說:基辛格博士曾經談到,周恩來總理對

世界上各種問題的了解之詳細給他留下了非常深刻的印象。在同周總理進行了幾次長談之後，我現在完全理解基辛格博士的這一說法了。聆聽周恩來先生講話和與他談話本身就是受教育。他不但和我討論了世界形勢和一些具體問題，例如越南問題和亞洲問題，還有我的印度洋和平區建議，而且，我們還詳細地和非常自然地談到了斯里蘭卡的事情。在所有這些問題上，他對我國的問題特別是我國的經濟危機都表現出有非常卓越的理解。

記者：你是否能跟我談談中國領導人憑著他們的政治哲理等東西是如何看待我們的困難的？他們提出了什麼樣的建議作為出路？因為實現經濟解放的道路是把我們大家──不論政治觀點如何，不論黨派歸屬如何──團結在一起的唯一的吸引所有人的問題，我相信你是會同意這一點的。

班夫人：是的，我確實同意經濟危機是首要的問題。我很高興你向我提出這一問題。雖然中國向我們提供了援助，而且誰都不能否認這種援助是異常慷慨的，但是他們只有一句忠告：自力更生。他們是從他們的鬥爭中吸取了這一教訓的，而且他們並不想隱瞞這樣一點，即這些鬥爭是艱苦的，甚至現在也還是艱苦的。中國領導人沒有自稱已實現了經濟繁榮。他們說，中國仍然是一個貧窮的發展中國家，只有通過中國人民的老老實實和獻身的努力才能提高生活水平。這是他們從自己的經驗中得出的教訓，他們把這種教

訓告訴給別人，雖然他們同意每個國家都必須選擇它自己的自救之道。

記者：你願意說這是你從這次訪問中得到和帶回來的比較重要的印象之一嗎？

班夫人：我願意同意這一點。社會主義並不意味著免費給人們一切東西。中國人知道我國政府保證要達到社會主義的目標，也知道我們為實現這一理想選擇了我們自己的道路。但是，任何地方都沒有不通過艱苦勞動和犧牲而實現的社會主義。任何地方都沒有一種社會主義意味著一切東西都必須免費地給人民群眾或者都必須給予大量的補助。中國出口大米。每個中國人得到的大米都夠吃而有餘，但這是配給的，而且是要付錢的，其價格比我們的高。他們不僅辛勤勞動，而且是完全守紀律的。他們的穿著非常樸素。他們一樣東西都不浪費，都要加以利用。既然他們的烹調技術這麼高，他們常常能把什麼東西都做成食物，無論是海藻還是西瓜子、還是任何能夠加以利用的東西，他們都加以利用。這是我親眼看到的……

記者：總理，你是不是有機會遊覽了許多地方？如果是這樣的話，還有什麼你認為值得提及的其他總的印象嗎？

班夫人：喂，我是乘飛機、火車和汽車旅行的。我從北京到瀋陽，然後乘火車到海濱的大連。我還參觀了一個大型蓄水和灌溉工程。在北

京，我還看了幾個公社。然後我飛往上海。所以，我的確走了相當多的地方……我有許多感受，其中大多是溫暖的和令人興奮的。但是，我就想談一件經歷的事，因為它同我們的教育情況很切合。我看到一群技術學校的女孩子在一個巨大的電力工程工地勞動。我詳細地詢問了她們的情況，在聽她們講了她們個人的體會和她們的勞動情況以後，教育制度已經發生的深刻變化給了我深刻的印象。中國的教育是注重實踐的，學術研究是同實際的工作相聯繫的，這種做法使學術知識掌握得更好。還有，那裡的青年學生，甚至上大學的學生，都沒有不切實際的想法和估價。他們不輕視體力勞動。他們對地位和機關職員的工作沒有虛妄的想法。我認為，我們這裡的教育制度是我們國家危機的重要原因之一。

看到每一塊可耕地都種上了莊稼，生產有用的東西，那也是令人高興和令人鼓舞的。在中國，不管走到什麼地方，訪問者都會對個人和公共場所的清潔衛生留下深刻印象。是的，我認為我們可以從中國的新的觀念和新的實驗、它的人民的普通的經驗以及他們為了給自己和子孫後代建設一個新社會而投入的努力和表現出來的獻身精神中學到許多東西。

班夫人深情邀請鄧穎超副委員長訪問斯里蘭卡

一九七七年四月，斯里蘭卡總理班夫人懷著對周恩來總理的崇敬心情，深情邀請鄧穎超副委員長訪問斯里蘭卡，並給予破格接待。斯總統高伯拉瓦、總理班夫人親自率領政府高級官員到機場迎接。鄧穎超親手將從中南海西花廳摘來的一束海棠花送給了班夫人。

說起海棠花，有說不盡的故事。早在一九四六年五月，周恩來率領中共代表團來到南京的梅園新村，同國民黨政府進行了十個月零四天的談判。作為一種休息方式，周恩來在緊張的談判間隙，常在院中觀賞海棠。從那時起，海棠成了周恩來最喜愛的花木之一。

搬到北京後，周恩來不經意間發現了中南海西花廳的院子裡盛開的海棠花。他愛上了那裡的花，也愛上了這個院落，於是選定在這裡居住。

作為總理，周恩來日理萬機，但無論白天還是夜晚，他總要在工作之餘抽出幾分鐘在院子裡散步、觀賞海棠，聊作休息。有時，他還叫上鄧大姐和身邊工作人員一道欣賞海棠花。

周總理逝世後，每當海棠花開放的季節，常常有愛花的人前來陪伴鄧大姐，在樹前花下，一邊賞花，一邊緬懷周總理。

這次，鄧大姐不遠萬里，從家中帶來海棠花，

既表達了她對班夫人的敬意，也代表了周總理與班夫人的友誼。

二十一日，斯政府在班達拉奈克國際會議大廈舉行五千人的群眾大會，隆重歡迎鄧穎超副委員長。鄧穎超通過僧伽羅語翻譯發表熱情洋溢的講話，高度讚揚斯政府和人民為維護民族獨立和國家主權、發展民族經濟和民族文化所進行的堅持不懈的努力和取得的可喜成就，稱讚斯在國際事務中發揮著日益重要的作用，為第五屆不結盟首腦會議作出了重大貢獻。

班夫人高度讚揚鄧大姐一生的作為是婦女們特別是第三世界的婦女們引以為傲的典範，說鄧大姐像周恩來總理一樣，也是廣聞博識、明達而又虛懷若谷。她們的講話一次又一次被雷鳴般的掌聲打斷。鄧穎超還訪問了康提，在佩拉德尼亞植物園植樹紀念；參觀了科倫坡國家博物館，並向先總理班達拉奈克先生墓獻了花圈。

鄧穎超訪斯期間還有一個值得注意的細節，那就是統一國民黨機關報《西雅拉德》發表社論表示，班夫人以接待國家元首的規格接待鄧穎超是應該的。該社論顯然不是編輯部獨出心裁，而是統一國民黨領導謀求改善對華關係而發出的一個信號。

巨星隕落

二〇〇〇年十月十日上午，班夫人尤其子阿努

拉陪伴，在距斯里蘭卡首都科倫坡二十公里的阿塔納加勒選區參加斯新一屆議會選舉投票。返回科倫坡的途中，班夫人突發心臟病，不幸辭世，享年八十四歲。

當天，中國國家主席江澤民、國務院總理朱鎔基分別緻電斯總統庫馬拉通加夫人和總理維克勒馬納亞克，對班夫人不幸逝世表示沉痛的哀悼和誠摯的慰問，讚揚班夫人是斯里蘭卡傑出的和深受人民愛戴的老一輩領導人，也是中國人民熟悉和敬仰的老朋友，她為斯里蘭卡的民族獨立、國家統一和經濟發展付出了畢生精力，也為中斯友好合作關係做出了卓越貢獻。

十月十四日，江澤民主席派全國人大常委會副委員長何魯麗作為特使出席了班夫人的葬禮。

賈亞瓦德納要與中國建立最友好的關係

統一國民黨政府對華政策回顧

　　錫蘭統一國民黨政府最早承認新中國，最早同新中國簽訂貿易協定，這是對中國人民的寶貴支持，中國人民一直把它記在心中。

　　由於國際和國內諸多因素的影響，統一國民黨政府在對華關係上始終邁不開步伐，有時甚至採取不友好的態度。

　　一九五四年十二月，由印度、印度尼西亞、緬甸、錫蘭、巴基斯坦五國發起，並邀請包括中國在內的二十九個亞非國家，籌備在印度尼西亞旅遊城市萬隆舉行亞非會議。

　　一九五五年四月十八日，亞非會議開幕。當時的氣氛還比較好，但隨後就有少數國家的代表，主要是美國操縱的巴格達條約和馬尼拉條約成員國的代表背離會議的主要精神，反對「和平共處」。有的認為「和平共處」是共產黨的語言，不應採用；有的主張既要反老殖民主義，也要反「新殖民主義」（指共產主義）。會場上觀點對立，爭論激烈。出席會議的中國代表團團長、總理周恩來顧全大局，發言十分平和。他說：「中國代表團是來求團

結的，不是來吵架的」，「我們並不要求各人放棄自己的見解，因為這是實際存在的反映。但是不應該使它妨礙我們在主要問題上達成共同的協議。」

「求同存異」被與會各國代表接受，為會議的成功奠定了基礎，會議氣氛隨之緩和了下來。

會議從二十日起分成政治委員會（由各國首席代表組成）、經濟委員會和文化委員會祕密進行。二十一日，錫蘭總理科特拉瓦拉在住地舉行記者招待會，竟然提出要台灣取得獨立國家地位，說「和平共處」容易使人和共產黨情報局的活動聯繫起來，呼籲中國公開地和正式地要求各國當地的共產主義團體解散。在當天下午的政治委員會會議上，

他又發言要求會議譴責蘇聯對東歐各國的「殖民主義統治」，還提到了中國的威脅等。他的發言既出，舉座為之嘩然。亞非會議再次遇到挑戰，人們擔心維護亞非國家共同利益的大方向是否因此被轉移。周恩來立刻起來聲明不能同意錫蘭總理的言論，要求保留明天就此發表意見的權利。人們擔心，中錫兩國總理將會展開一場論戰。西方媒體對科特拉瓦拉的發言如獲至寶，大肆宣揚他的發言已使會議處在混亂狀態之中。

周恩來採取會下多溝通、會上少爭論的方法，在散會後即與科特拉瓦拉個別交換意見，當天晚上又與他長談，以耐心說理的方式，系統地闡明了中國的立場、態度和觀點，說明台灣歷來是中國不可分割的一部分，並介紹了《開羅宣言》《波茨坦公告》等文件的內容。周恩來問科特拉瓦拉：你今天這個發言什麼意思，要照你這樣的發言，我們一定要回答。爭論下去，結果是必然達不成任何協議。你是發起國，你把我們請來，你又來破壞會議，什麼意思？最後，科特拉瓦拉說：我就是說說。

第二天的政治委員會會議上，人們預料的中錫兩國總理大論戰沒有出現。擠滿走廊的記者只見科特拉瓦拉第一個發言：「我昨天的發言只不過表示自己不同的見解，並沒有意思引起一場爭論，也不打算提任何議案，更沒有把這個會議引向失敗的意思。」周恩來也只作了簡短髮言：「正像我在全體會議上所表示過的那樣，中國代表團並不準備在這

裡參加關於意識形態的討論，因為這不是會議的目的。我已經在會外同錫蘭總理交換意見。昨天錫蘭總理提到了『新殖民主義』，這是一種中華人民共和國所不能同意的提法。提出一種新的定義或者進行辯論，都將無助於這個會議。我們覺得最好的辦法是在會議上相互尊重彼此的意見，而不是進行辯論，因為那樣做，將不可能對此問題有共同的理解或共同的願望。」

會上爭不出結果，而且會轉移會議的大方向，周恩來用私下交談而不是論戰的辦法，解決了同與會者的矛盾。

萬隆會議衝破重重障礙，最後一致通過了《亞非會議最後公報》。其中《關於促進世界和平與合作的宣言》提出了處理國際關係的十項原則。這些成果被稱為「萬隆精神」，對以後國際關係的發展有著十分深遠和重大的影響。

中國的包容政策，讓科特拉瓦拉在萬隆會議上冷靜了下來。但科特拉瓦拉的行為不是偶然的，那是美國對統一國民黨的影響的結果。也正因為如此，在一定時期內，統一國民黨在對華關係上沒法邁出積極的步伐。

賈亞瓦德納調整對華政策

二十世紀七〇年代，國際形勢發生深刻變化。一九七一年十月，在發展中國家的支持下，第二十

六屆聯合國大會以壓倒多數通過決議，恢復了中華人民共和國在聯合國的一切合法權利。這從一個側面反映了中國國際地位的提高，標誌著帝國主義孤立中國的政策的徹底失敗。在對美關係方面，中國抓住美國不斷髮出改善關係的信息，調整對美政策。隨著基辛格祕密訪華，尼克松總統訪問中國，一九七二年二月兩國發表了《中美聯合公報》，中美關係終於取得突破。

中國對外關係的變化也反映在中斯關係上。斯統一國民黨調整了對華政策是這一變化的主要標誌，決策者是斯里蘭卡資深政治家賈亞瓦德納。

朱尼厄斯・理查德・賈亞瓦德納（Junius Richard Jayewardene），錫蘭獨立運動的元老之一，一九〇六年九月十七日生於一個僧伽羅族貴族家庭，一九四八年錫蘭獨立後任統一國民黨政府財政部長，為該黨僅次於 D・S・森那納亞克的第二號人物。一九七三年達德利・森那納亞克逝世後，賈亞瓦德納成為統一國民黨領袖。一九七七年九月，賈亞瓦德納領導統一國民黨取得當年大選的勝利，出任總理兼國防部長、計劃和經濟事務部長。擔任總理後，他修改憲法，在斯里蘭卡建立擁有行政權力（而不是禮儀性）的總統制度，並於一九七八年二月成為第一位民選總統。

賈亞德納調整對華政策，採取了多項措施：

一、傳話

一九七七年斯里蘭卡議會大選前夕，賈亞德納委託資深政治家羅尼·德梅爾向中國駐斯里蘭卡大使孫盛渭傳話，表示統一國民黨執政後將同中國建立最友好的關係。

羅尼·德梅爾是中國使館長期的朋友。中國使館相信他傳來的信息。

使館認為，賈亞德納的口信表明，他對這次大選有信心，而且有意順應國際形勢的變化，調整對華關係。對此，我們應該採取歡迎的態度。孫大使請羅尼轉告賈亞德納先生：發展同斯里蘭卡的友好合作關係是中國政府的既定方針，我們願意同斯里蘭卡各政黨，包括自由黨和統一國民黨建立友好關係。無論哪個黨執政，我們都願意同它開展平等互利合作。孫大使還說：統一國民黨政府最早承認新中國，最早同新中國簽訂貿易協定，為中斯關係的發展作出過重要貢獻。這一點，我們沒有忘記，也不會忘記。

二、特使訪華

一九七七年七月，賈亞德納組閣。十月，賈亞德納就派出他的得力助手、貿易部長拉利特·阿圖拉特穆德利率政府貿易代表團訪華。與往常不同，這次代表團團長冠以「總理特使」的頭銜。訪

問期間，阿圖拉特穆德利部長不僅與中方例行公事地簽訂了第六個《米膠貿易和支付協定》及《一九七八年換貨議定書》，還拜會了中共中央主席華國鋒，向中方解釋斯里蘭卡新政府的對華政策，謀求保持和發展斯中關係。

中國政府對賈亞瓦德納的友好表示作出了積極回應。一九七八年六月，耿飈副總理對斯進行正式友好訪問，會見了賈亞瓦德納總統，同普雷馬達薩總理、哈米德外長分別舉行了會談，就雙邊關係和國際形勢交換了意見。

阿圖拉特穆德利特使和耿飈副總理的訪問促進了兩國政府的相互了解，中斯關係繼續沿著健康的軌道不斷發展。

賈亞瓦德納執政後，中斯關係出現新的局面。中國同斯里蘭卡兩個最大政黨都建立了友好關係。

斯中關係迅速發展，引起自由黨的反彈。在一次外事活動中，自由黨副領袖邁特帕拉·森那納亞克的夫人對孫盛渭大使說：現在你們同統一國民黨的關係很好嘛！孫大使感覺到森夫人話裡有話，笑著對森夫人說：我們同統一國民黨政府的關係好，是自由黨打下的基礎呀！孫大使的回答讓在場的人都會心地笑了，都說這個回答很精彩。

三、到使館看電影

一九七八年初，斯里蘭卡總理府給中國使館打來電話，說統一國民黨領袖賈亞瓦德納和副領袖普

雷馬達薩將分別率領統一國民黨議員來使館觀看中國紀錄片《紅旗渠》和《海河之歌》。駐在國領導人親率國會議員來使館看電影，真還是頭一回。使館認為，賈亞瓦德納此舉是一個友好姿態，是其調整對華關係的又一實際行動。

統一國民黨執政後制定了一九七九至一九八三年中期投資綱領，馬哈威利水利工程是重中之重。使館認為，統一國民黨領導人此舉可能是想借中國人民在紅旗渠和海河創造的奇蹟，鼓舞、增強統一國民黨議員的士氣和信心，以加速馬哈威利工程建設進程。

孫盛渭大使對這次活動非常重視，為此作了各方面的細緻安排。斯方要求，這項活動分兩天、兩批進行，賈亞瓦德納和普雷馬達薩分別帶隊。紀錄片要用僧伽羅語翻譯，孫大使把翻譯任務交給了我。我以前做過同聲翻譯，但為國家領導人作同聲翻譯，特別是電影同聲翻譯，這還是第一次。兩部影片都沒有解說詞文本，我只得一邊看、一邊聽，把解說詞先聽寫出來，然後翻譯成僧伽羅文。對照畫面解說時我發現，因為漢語音節少，僧伽羅語音節多，用僧伽羅語解說對不上畫面。我不得不用更多的時間精簡解說詞，反覆對照，然後練習不看解說詞，緊盯畫面，隨機應變進行同聲翻譯。

兩場觀影活動都很成功，賈亞瓦德納和普雷馬達薩特意對孫大使表示感謝。議員們看了這兩部紀錄片以後，深深為林縣人民和海河沿岸人民艱苦奮

鬥、百折不撓的精神所折服，紛紛表示在馬哈威利工程建設中也要發揚奮發圖強的精神。

困難時刻

一九八三年七月二十三日，泰米爾猛虎組織在斯里蘭卡賈夫納地區伏擊政府軍，打死十三名僧伽羅官兵，拉開了他們所謂「泰米爾伊拉姆獨立戰爭」的序幕。僧伽羅官兵遇難的消息傳來，全國嘩然，進而釀成一場史無前例的大規模民族騷亂。外部勢力趁機插手干預，斯政府感到其主權、安全受到威脅。

在這種情況下，賈亞瓦德納總統指派其胞弟赫克托・賈亞瓦德納作為特使，出訪幾個國家尋求支持。九月十四日，赫克托抵達北京。中國國務院總理趙紫陽、國務委員兼外長吳學謙、全國政協副主席趙朴初會見了斯特使。中方重申，中國政府堅決支持斯政府維護國家獨立和領土完整的立場，並表示相信斯有能力妥善解決其內部問題。對中方的支持，斯特使一再表示衷心感謝。

國家元首互訪

一九八四年五月二十日至二十五日，斯里蘭卡總統賈亞瓦德納訪華；一九八六年三月十一日至十四日，中國國家主席李先念訪斯，這是兩國元首分別對對方進行的第一次訪問，都受到高規格的接

待。兩位元首互訪為中斯友好合作關係增添了新篇章。

中國領導人鄧小平、李先念在會見賈亞瓦德納總統時，都表示支持斯里蘭卡為維護獨立、主權和領土完整，發展國民經濟所作努力；高度讚揚斯里蘭卡一貫奉行獨立和不結盟的外交政策，恪守和平共處五項原則，主張和平、裁軍和發展，反對各種形式的強權政治，支持改革不合理的國際經濟秩序，推動南北對話和南南合作，在國際事務中發揮著積極的作用；衷心感謝斯里蘭卡政府為恢復中國在聯合國的合法席位所作的努力。

賈亞瓦德納總統讚揚中國對不結盟運動和第三世界國家為建立公平的世界經濟新秩序而開展的鬥爭所給予的同情和支持，並感激中國在斯里蘭卡最

李先念主席會見賈亞瓦德納總統。

困難的時刻伸出友誼之手，堅持不干涉別國的原則，強調任何外國無權干涉斯里蘭卡的內部事務。

賈亞瓦德納總統訪華期間，雙方簽訂了科學技術合作協定。中方同意幫助斯建造法院大樓。李主席訪斯期間，中斯雙方簽訂了經濟技術合作協定和投資保護協定。

賈亞瓦德納執政期間，兩國間其他高層互訪也很頻繁。除了國家元首互訪外，斯外長Ａ·Ｃ·Ｓ·哈米德於一九七九年六月，總理拉納辛哈·普雷馬達薩於一九七九年八月和一九八八年九月，議長愛德華·萊昂內爾·森那納亞克於一九八六年九月先後訪問中國；中國國務院副總理兼外長黃華於一九八一年六月三十日至七月三日，全國人大常委會副委員長阿沛·阿旺晉美於一九八三年三月，國務委員兼外長吳學謙於一九八五年一月訪斯，所有這些訪問都有力地推動了兩國關係的發展。

平民總統普雷馬達薩

拉納辛哈‧普雷馬達薩

我們對普雷馬達薩先生的第一個印象來自廚師。他來中國訪問兩次，每次我們都聽到中國廚師的「抱怨」：「這位領導吃素。一點油都不沾，蔬菜都讓用水煮。做這樣的菜，還用我們幹什麼？我們可是國賓館的特級廚師啊！」他們不僅抱怨，而且提出疑問：光吃素，身體能好嗎，能長個嗎？我們曾經拿這個問題問過普雷馬達薩總理。他說：誰說吃素對身體不好？大象吃素，身高幾米，能舉起幾噸重的物品！他的回答很經典，讓我們心服口服。

我們對普雷馬達薩先生的另一個印象還是來自廚師。廚師早上要給首長準備茶點，說普雷馬達薩總理每天總是清晨四點起床，有時還早早地把部長們叫來開會。這麼玩命的領導，少有！

他看到了「人工天河」

一九七九年八月十三日至二十日，斯里蘭卡總理拉納辛哈‧普雷馬達薩訪問中國。當時的副外長、後來的總理拉尼爾‧維克勒馬辛哈陪同來訪。訪問期間，普雷馬達薩同華國鋒總理、李先念副總理等舉行了會談。中斯兩國政府簽訂了文化協定。

中國政府同意向斯提供五千萬元人民幣的長期無息貸款。普雷馬達薩總理還向中國兒童贈送小象「阿拉里亞」，並且參觀了紅旗渠，訪問了上海等城市。

　　普雷馬達薩總理對紅旗渠並不陌生。一九七八年，斯政府開始興建該國最大水利工程—馬哈威利工程時，他和總統賈亞瓦德納各自率領執政黨幾十位國會議員來到中國駐斯使館觀看電影紀錄片《紅旗渠》。從這部紀錄片中，他和他的議員同事們看到了河南省林縣人民自力更生、艱苦創業，從太行山腰修建「引漳入林」工程的真實畫面，感受了林縣人民「定叫山河換新裝」的壯志豪情。

紅旗渠

這次來中國，普雷馬達薩要親眼看看紅旗渠。一九八八年九月下旬的一天，他和他的代表團來到河南林縣。車隊在山間行駛，貴賓們一會兒仰望，一會兒鳥瞰，把蜿蜒在崇山峻嶺、懸崖峭壁間的「人工天河」看了個真真切切，並為之感嘆不已。

紅旗渠於一九六〇年二月動工，歷時近十年，一九六九年七月整個工程全面完成。這期間，建設者們削平了一千二百五十座山頭，架設一百五十一座渡槽，開鑿二百一十一個隧洞，修建各種建築物一萬二千四百零八座，挖砌土石達二千二百二十五萬立方米。紅旗渠總干渠全長七十點六公里，支渠分布在林縣各個鄉鎮。

普雷馬達薩的腳步停留在青年洞前。這是紅旗渠的咽喉工程，與總渠同時於一九六〇年二月動工。但由於自然災害和國家經濟困難，當年十月，上級決定紅旗渠總干渠全面停工。對這個決定，林縣建渠幹部群眾有所保留。他們提出「寧願苦戰，不願苦熬」，決心早日打通這條穿越太行山的關鍵工程。於是，他們挑選了三百名青年組成突擊隊，背著上級領導繼續施工。當時每人每天只有六兩糧食，為了填飽肚子，就上山挖野菜、下漳河撈河草充飢，很多人得了浮腫病，仍堅持戰鬥在工地。他們創造了「連環炮」「三角炮」「瓦缸窯炮」等爆破方法，使挖山進度由每天零點三米提高到二米多。經過一年零五個月的奮戰，他們終於在一九六一年七月十五日將洞鑿通，完成了紅旗渠建設的關

鍵工程。

在紅旗渠，特別是在青年洞的所見所聞，使普雷馬達薩總理深為感動。他動情地說：自力更生，艱苦奮鬥，紅旗渠確實是一個人間奇蹟！

普雷馬達薩訪華後，我們聽到這麼一個傳聞：普雷馬達薩作過自我批評！說的是他曾作為科倫坡市議會代表團成員於一九五六年訪問中國，途經一個村莊，看到農民犁田，拉犁的竟然是人！該牛幹的事，怎麼讓人幹呢？他覺得不可思議。回國後，他以此為由頭髮表文章，說中國人被奴役。參觀紅旗渠後，中國人艱苦奮鬥、改變國家面貌的感人事蹟，使他的思想也發生了變化，他感到自己二十多年前的說法不妥。一個國家領導人，能反思自己過去的言行，難能可貴！

不讓達賴來斯里蘭卡

一九八〇年，達賴集團在斯里蘭卡策動個別佛教領袖邀請達賴訪斯。中國政府對此極為重視，責成駐斯里蘭卡大使孫盛渭立即同斯方交涉。斯外交部主管官員回答說，此事他們做不了主。孫大使約見外長哈米德，請求斯政府從中斯關係的大局出發，制止達賴訪斯的圖謀。哈米德外長是穆斯林，碰到這樣的問題，他也感到為難。他說，達賴是精神領袖，與政治無關，這涉及宗教自由，不好阻止。孫大使介紹了西藏問題的由來，列舉達賴集團

多年來進行的反華分裂活動，強調「達賴不是單純的宗教人士，而是打著宗教幌子，在國際上從事分裂祖國、破壞民族團結活動的政治流亡者。中國政府堅決反對達賴以任何身分到其他國家從事分裂中國的活動」。哈米德仍不為所動，說：「我是穆斯林，不好違背僧伽羅佛教徒的宗教感情……」

兩次交涉未果，孫大使十分焦急。下一步怎麼辦，去找誰？思來想去，孫大使想到了普雷馬達薩總理。他撥通了總理府的電話，要求會見總理。

普雷馬達薩總理接見了孫大使。孫大使再次介紹達賴其人，並說中國政府十分重視同斯里蘭卡的關係，高度評價多年來中斯兩國關係的良好發展，希望這一關係不要受到人為干擾。普雷馬達薩總理全神貫注地聽完孫大使的申訴，最後他堅定地表示：「中方立場我已清楚。請大使閣下放心，斯政府不會讓達賴來斯訪問！」孫大使感謝斯政府在達賴問題上的明確支持。

這是一個明智的戰略決策。從此以後，達賴喇嘛雖然多次圖謀訪斯，但都因斯政府拒絕入境而告失敗。在國際人權會議上，當西方國家利用西藏問題和人權問題對中國發難時，斯里蘭卡都採取與我友好的立場。中國政府對此表示高度讚賞和衷心感謝。

「深圳是中國的又一奇蹟！」

一九八八年九月十九日至二十六日，斯里蘭卡總理普雷馬達薩應邀第二次來華訪問，同李鵬總理舉行了會談，還會見了鄧小平、楊尚昆、鄧穎超等中國領導人。

九月二十一日，鄧小平會見普雷馬達薩總理，雙方高度評價兩國之間的傳統友誼和友好合作關係。普雷馬達薩總理介紹了斯中兩國歷史上交流的盛況，親自將一枚斯里蘭卡出土的唐代錢幣贈送給鄧小平。

兩位領導人還就國際形勢交換了看法。鄧小平指出：現在看來，最經得住考驗的，不是霸權政治，不是集團政治，而是和平共處五項原則。我們要經過幾十年的努力，在和平共處五項原則的基礎上建立國與國之間的關係，特別是與鄰國的關係。解決戰爭與和平的問題，建立國際新秩序的問題，都需要這些原則。新的政治秩序就是要結束霸權主義，實行和平共處五項原則。

普雷馬達薩總理是一位虔誠的佛教徒，在繁忙的訪問日程中，他還安排時間去北京靈光寺參拜佛牙。

普雷馬達薩總理結束在西安、廣州的訪問後，來到深圳。二十五日，他饒有興趣地參觀了深圳國貿大廈。

深圳國貿大廈坐落在深圳市人民南路與嘉賓路

交叉口東北側的羅湖商業區高層建築群的中心地段，是一座由中國人自己設計、施工和實施物業管理的綜合性多功能超高層建築，一九八二年四月動工，一九八五年十二月竣工，占地面積二萬平方米，高約一百六十米，建成時為中國最高建築，被譽為「神州第一樓」。

在國貿大廈，普雷馬達薩總理看得仔細，聽得也仔細，不時露出驚嘆的神色。特別是當陪同人員提到「深圳速度」時，他不等解釋，禁不住問：什麼是深圳速度？在場的深圳陪同告訴總理，六年前國貿大廈進入大廈主體樓層建設時，三天就建好一層樓。「三天一層樓」，就是當時人們所說的深圳速度。「啊，三天一層樓！」普雷馬達薩驚叫了起來。他在國貿大廈旋轉餐廳來回踱步，看到大廈周圍拔地而起的排排高樓，情不自禁地嘖嘖稱奇。

訪問即將結束的九月二十五日晚上，普雷馬達薩總理與中方陪同人員進行了一場溫馨的餐聚。交談一直用英語進行，快結束時，他突然從上站起來，請在場的僧伽羅語翻譯幫忙，說他要用僧伽羅語發表講話。回顧中斯傳統友誼，他講到了法顯；談兩國友好合作關係，他講到中國援建的不久前剛揭幕的斯里蘭卡最高法院大樓。他還提到他所看到的紅旗渠。談到他剛訪問過的深圳，他提高了聲音而且略顯激動。他稱讚深圳是中國的又一奇蹟！

普雷馬達薩對中國的兩次訪問進一步加深了兩國的友誼。一九九〇年十二月，應普雷馬達薩總理

深圳國貿大廈

邀請，李鵬總理訪問斯里蘭卡。雙方進行了十分親
切友好的會談，並簽署了經濟技術合作協議。李總
理指出，中斯兩國人民有著深厚的傳統友誼，兩國
一向平等相待，友好相處，相互同情和支持。兩國
之間只有友誼，沒有爭議。普雷馬達薩在回顧中斯
友誼後說：斯中兩國在面積、人口和力量方面相差
懸殊，然而，我們仍然建立起無與倫比的關係。對
我們而言，中國之所以偉大，不是因為她的面積

大，而是因為她能在友好和平等的基礎上處理同我們這樣的小國的關係。他說，中國是斯里蘭卡真正的朋友。

到中國大使館做客

中國駐斯里蘭卡大使館老館原是前總統賈亞瓦德納的私宅和出生地。一九八八年普雷馬達薩當選總統後，老總統正式退休。斯政府決定用一塊新的地皮置換中國使館舊址，並將它改建成「賈亞瓦德納文化中心」（賈亞瓦德納紀念館）。中國使館早就想改善辦公條件，聽到斯方的這個想法，立即報告國內。中方積極響應，很快與斯方達成協議。中國駐斯使館新館舍於一九九一年一月在班達拉奈克國際會議大廈對面落成。

一九九一年八月，中國駐斯里蘭卡大使張瑞傑奉調回國。八月十二日，張大使赴普雷馬達薩總統的辦公室作辭行拜會。總統娓娓而談，十分友好。他對斯中關係的發展感到十分滿意，高度讚賞中國改革開放取得的巨大成就，對張大使在斯期間的工作也給予充分評價。他對張大使離任表示惋惜。拜會結束，張大使正要走，總統拉著他的手說：你在這裡蓋了新使館，你要走了，走之前我要去你們使館看看你。張大使當即表示衷心歡迎。

雙方把時間定在八月十四日上午。那天，斯外交部、國防部和財政部三個部的秘書先行到達使

館，為的是在這裡迎候總統。這裡所說的「秘書」，是斯里蘭卡最高級別的文官，相當於主持部務工作的副部長，掌管各部日常業務。

總統到來之前，剛好下了一場雨，使館院內鮮花盛開，綠草如茵，顯得分外清新、漂亮。總統身著雪白的民族服裝，滿面春風。使館的外交官和夫人們簇擁在樓廳門口迎接。總統下車，合十致意，同使館人員一一握手，氣氛十分熱烈。

張大使陪同總統隨處觀看。總統對使館建築的用工用料都很關心，對室內陳設的工藝品讚不絕口，其中一幅大理石壁畫深深吸引了他的目光。這幅畫占據了大廳一整面牆，是中國著名畫家尚立濱教授獨創的，利用石板上的自然紋路，把一塊塊天然大理石板拼裝成畫。抬眼望去，高山、流水、行云，自然天成，獨具一格，十分美妙。這在中國駐外使館中是獨一無二的一幅。因為以後再做，不可能再挑選出畫面完全相同的第二幅了，因而也是很珍貴的。總統等人在畫前駐足欣賞，連連讚嘆。

從使館辦公樓出來，總統特意把張大使請上他的轎車，一同來到大使官邸。在會客廳，賓主圍坐在一起，一面品嚐中國式的茶點小吃，一面談笑風生，氣氛融洽而又輕鬆。話題自然離不開兩國關係。總統說，斯中關心的問題是一樣的，兩國關係非常密切，非常友好。斯里蘭卡從一開始就支持周恩來總理提出的和平共處五項原則。言談之間，表露出他對中國的崇敬和對中斯友誼的珍重。早兩天

他送給張大使一件紀念品，是一個印有總統夫婦名記和總統旗的斯古代人頭浮雕像，很有當地藝術特點。這天，張大使送他一個景泰藍花盤作紀念，總統高興地接受了。不覺四十分鐘過去，總統起身告辭，與陪同官員一道離開了使館。

　　普雷馬達薩總統到中國使館做客，主要是出於對兩國關係的重視，同時也是對張大使為發展兩國關係所做工作的充分肯定。

錢德里卡初訪中國

　　錢德里卡・班達拉奈克，出身於斯里蘭卡政治世家，父母都是最具影響的政治家和國家領導人。她一九六七年赴法國留學，一九七〇年獲巴黎大學政治學學士學位。一九七二年，正當她在法國攻讀博士學位時，被當總理的母親緊急召回。她一九七四年起隨母從政，任自由黨婦女聯盟執委和國家土地改革委員會合作安置司司長，時年二十九歲。

　　一九七四年九月底，錢德里卡小姐率斯里蘭卡農業考察團訪華。我被借調到農業部，為錢德里卡代表團做僧伽羅語翻譯。代表團共七人，除賈亞維拉是土改委員會官員外，其他五人都是致力於發展人民農莊（Jana Vasa）的普通人。

　　中國農業部對這次訪問十分重視。部長楊立功和有關司領導與錢德里卡一行舉行座談，介紹了中國的土地政策和農業發展情況。中共中央政治局委員、國務院副總理華國鋒親切會見並宴請錢德里卡和她的隨行人員。在北京，代表團參觀長城、十三陵，出席文藝晚會和觀看電影《閃閃的紅星》，中國古代文化給客人們留下了深刻的印象。此後，代表團還訪問了山西省的大寨和廣東省的肇慶、從化、廣州、深圳。

難忘的國慶招待會

一九七四年九月三十日晚，國務院在人民大會堂宴會大廳舉行有四千五百多人參加的盛大招待會，慶祝中華人民共和國成立二十五週年。出席招待會的除了中國領導人和來自各行各業的先進人物和社會名流外，還邀請了柬埔寨國王西哈努克親王、首相賓努，以及其他外國黨和政府代表團出席。

斯里蘭卡農業考察團團長錢德里卡‧班達拉奈克小姐當時只是一位司長，也在受邀請之列，足見中方對她的重視。錢德里卡十分興奮。平時不大準時的她，這一天早早地做好了準備。她和外賓們走進宴會廳大門，只聽得那裡人聲鼎沸，喜氣洋洋。

七點剛過，中國領導人入場了。錢德里卡一眼就認出，走在最前面的是周恩來總理。「周總理瘦

周恩來總理在一九七四年國慶招待會上致辭。

了，」她說。是的，總理確實瘦了，他身著藏青色中山裝，面容清瘦，但精神矍鑠。看到他，大家不約而同站了起來，熱烈鼓掌。伴隨著「總理好」的吶喊聲，宴會廳沸騰了。有些老同志情不自禁，離開自己的座位走到主賓席前，想近距離看看總理。好些座位都走空了，大家圍到總理面前，有的人還一邊說著話，一邊擦拭臉上激動的淚水。

周恩來總理是錢德里卡的父母—所羅門·班達拉奈克總理和西麗瑪沃·班達拉奈克總理的摯友，錢德里卡曾多次見到過他。這次見面，知道他從醫院趕來，錢德里卡十分感動。她說：我母親（班大人）幾次三番當面邀請周總理來斯里蘭卡出席他決定援建的班達拉奈克國際會議大廈的揭幕儀式，周總理都不鬆口，原來他得了重病！她很想去問候周總理，但因這是外交場合，前面的人又太多，她不好意思往前擠。

看著圍在自己身邊的同志和朋友，周總理也很激動。他不停地擺手，微笑著，懇請大家回到自己的座位。

會場安靜了下來，總理拿著講話稿，走到麥克風前，熱烈的掌聲再次響起。周總理清了清嗓子，開始致祝酒詞。祝酒詞言簡意賅：

貴賓們，朋友們，同志們：

二十五年前，中國人民的偉大領袖毛澤東主席向全世界莊嚴宣告，中華人民共和國誕生了，中國人民從此站立起來了。二十五年來，全國各族人民

在毛主席為首的中國共產黨領導下，沿著社會主義道路勝利前進。我們祖國的面貌煥然一新，我們的無產階級專政空前鞏固，我們的朋友遍天下。在歡慶這個光輝節日的時候，我代表偉大領袖毛主席，代表中共中央、中國政府，向全國各族人民表示熱烈祝賀。我們向全世界人民和各國朋友們表示衷心的感謝，感謝你們給予我們的支持和援助。我們將一如既往，同世界人民一道，把反對帝國主義的鬥爭進行到底。現在請大家：為中國各族人民大團結，為世界各國人民大團結，乾杯！

總理每講一句，人們都報以熱烈的掌聲。

致辭完畢，總理回到自己的座位。這時朱德元帥示意有話要說。大家安靜了下來。朱老總慢慢地從座位上站起來，對著話筒說：「我建議，我們大家為總理健康，乾杯！」

「為總理健康乾杯！」大家紛紛舉起酒杯，一飲而盡。總理也笑著喝完了杯中酒。

錢德里卡也舉杯乾完杯中酒，祝願周總理早日康復。

錢德里卡出席中國國慶二十五週年招待會，真切地感受到中國人民對周恩來總理的敬愛之情。回到賓館，她滿懷激情地回顧了她父母同周總理的友誼。

大寨行

　　國慶節後，錢德里卡一行在農業部徐靜處長的陪同下到山西大寨考察。

　　錢德里卡在北京的時候，中央政治局委員華國鋒接見了錢德里卡和她的代表團。農業部的負責同志向代表團介紹了全國勞動模範陳永貴和他領導的大寨大隊以及全國農業學大寨的情況。這次去大寨，錢德里卡想看個究竟。

　　大寨位於山西省昔陽縣，是太行山西側、黃土高原邊緣的一個山村。宋朝軍隊曾在這裡築寨棲兵，因而得名。雖然名為大寨，其實大寨不大。它在一個叫狼窩掌的山溝裡，無雨則旱，有雨成災。解放前，村民生活很苦。解放後，大寨人做了自己

華國鋒會見錢德里卡一行。後排右 3 為江勤政。

命運的主人，情況才開始有所改變。

那天，錢德里卡穿著素淨的白襯衫、白褲子、平底鞋，來到大寨村口，村黨支部副書記宋立英帶領村領導在那裡迎候。見到錢德里卡，宋立英情不自禁地冒出一句話：「這姑娘好漂亮啊！」錢德里卡聽了，心裡也美滋滋的。

宋立英是大寨村第一任黨支部書記賈進才的妻子，也是大寨村第一個女黨員。她從一九四六年開始當村幹部，與陳永貴、郭鳳蓮、賈進才並稱為大寨「四大人物」。

宋立英對錢德里卡說：聽說班夫人的女兒要來大寨，我們可高興呢。在我們這兒，只要有人提到班夫人，我們就立刻想到斯里蘭卡，同樣，只要提到斯里蘭卡，我們就會想起班夫人。聽到這兒，錢德里卡和代表團團員們情不自禁地鼓起掌來。

宋立英接著說：貴賓們來了，我們非常歡迎。可是呢，我們的領頭人陳永貴自從去年進入中共中央政治局以後，多數時間在北京。接任大寨黨支部書記的郭鳳蓮，還擔任昔陽縣的領導工作，她到縣裡開會去了，所以由我代表大寨領導班子接待您與其他貴賓。我們接待外賓，通常是先座談，後參觀……剛說到參觀，宋立英停頓了一下，低聲對陪同人員說：大寨七溝八梁一面坡，讓這麼個嬌貴小姐爬山蹚泥，行嗎？正當她犯嘀咕時，錢德里卡說：百聞不如一見，我們邊參觀，邊聽你介紹。宋立英說：好是好，只是爬山費體力，我怕累壞您的

身子骨。錢德里卡連連擺手，說沒問題。宋立英就領著他們上了虎頭山。

虎頭山上，錢德里卡和她的同事們看得很仔細。層層的梯田、水塘和小水渠盡收眼底。他們還注意到梯田邊緣有一些帶石頭的坡地，顯然，那是還沒有開發的處女地。錢德里卡問：山，這麼高，坡，這麼陡，石頭，這麼多，這地是怎麼造出來的？宋立英說：是陳永貴帶領大家幹出來的。陳永貴是一九四八年入黨的老黨員，一九五二年任村黨支部書記，土地改革後搞互助組，建合作社，帶領全村二百戶人家大幹苦幹，把七溝八梁一面坡修成了糧田。一九五九年，他被樹為昔陽縣農村黨支書標兵。

宋立英說：一九六三年，大寨遇到大災。大雨下了七天七夜，山流、地衝、房倒、窯塌，十年心血付之東流。上級領導到大寨慰問，要給救濟。陳永貴說，國家的救濟我們不能要！錢德里卡覺得奇怪：地方遭災，國家救濟，天經地義，為什麼不要？宋立英說：當時我們的書記說全國遭災的地方多得很，都靠國家救濟，國家哪有那麼多錢、財、物呢？黨支部當即提出了「三不要」「三不少」的口號。「三不要」是：一不要國家錢，二不要國家糧，三不要國家物資。「三不少」是：到年終大寨交售國家糧食不能少，群眾分紅不能少，社員口糧不能少。大寨人發揚自力更生、愚公移山的精神，發展生產，重建家園。大災之年，大寨取得糧食豐

收，實現了「三不要，三不少」的目標，社員們還永遠結束了住土窯的歷史，全部搬進石窯新房。

代表團裡有一位農民代表，叫維傑拉特納，在錢德里卡的家鄉建立「Jana wasa」，即人民農莊。看到這一切，錢德里卡對他說：咱們那個地方的條件比這裡好得多，你是人民農莊的負責人，應該搞出一個樣板來，改變農村的面貌。維傑拉特納連連稱是。然後，錢德里卡對宋立英說：陳永貴真是一個傳奇式的人物。宋立英說：陳永貴不稀奇，關鍵在於他有主見，能把群眾組織起來，苦幹實幹。她說：大寨的發展與各級領導的關心和支持分不開。一九六四年三月，毛主席視察南方，在專列上聽取了山西省委第一書記陶魯笳對大寨事蹟的匯報。從那以後，毛主席多次強調，中國農業要搞上去，主要依靠大寨精神。這一年，毛主席提出「農業學大寨」的號召。在當年十二月二十一日召開的三屆人大一次會議上，周總理把大寨寫入了《政府工作報告》，說「大寨大隊所堅持的政治掛帥、思想領先的原則，自力更生、艱苦奮鬥的精神，愛國家、愛集體的共產主義風格，都是值得提倡的」。陳永貴是三屆人大代表，出席了這次會議。二十六日那天，上午會議剛結束，周總理就把他叫住，說「今天是毛主席的生日，主席特意要我把你請來」。陳永貴參加了毛主席的生日宴會，並被安排在毛澤東身邊就座。

宋立英還滿懷深情地說：周總理陪同外國領導

人三次視察大寨，為大寨的發展作出許多重要指示。一九六七年一月，陳永貴成為山西省委核心小組成員。這年五一勞動節，毛澤東在天安門城樓再次接見了陳永貴。一九六九年，五十四歲的陳永貴當選為第九屆中央委員。一九七三年，當選中共中央政治局委員。

宋立英告訴錢德里卡，陳永貴雖然在中央工作，但不拿國家工資。錢德里卡也覺得很新鮮。她深有感觸地說：一個普通農民，在一個艱苦山區帶領村民艱苦奮鬥，做出了突出成績，並登上這麼一個大國的最高政治舞台，這在世界上絕無僅有。

從虎頭山下來，錢德里卡一行參觀了大寨村民新修的石窯和幼兒園。一到幼兒園，孩子們馬上圍了上來，「阿姨好」「叔叔好」，稚聲稚氣，爭先恐後地忙著跟客人們打招呼。

錢德里卡與幼兒園小朋友們合影后，問起幼兒園的情況。宋立英說：一九五二年，大寨成立了互助組。陳永貴為了使婦女們也能從家裡走出來參加生產勞動，就把各家各戶的小孩子集中到住房寬敞的一個農民家裡，由大家推選信得過的一兩名婦女照看，孩子們在那裡吃中飯。這樣，孩子們的母親就可以騰出身來下地勞動。由於實施這個辦法，勞動力增加了，糧食產量增加了，農民收入也增加了，大家都說這個辦法好。後來，陳永貴聽說城市裡管這叫幼兒園，「大寨幼兒園」也就叫開了。

郭鳳蓮是最早進入大寨幼兒園的孩子之一。她

錢德里卡一行訪問大
寨幼兒園。

本不是大寨人，三歲時母親去世，父親把她託付給
了住在大寨的外祖母。外祖母年老力衰，許多事情
幹不了，郭鳳蓮小小年紀就幫助外祖母忙裡忙外。
她很能吃苦，又好學，不論在幼兒園，還是後來上
小學，在同學中都很有威信。

五〇年代初的大寨，高小畢業就算有文化了。
郭鳳蓮高小畢業，本可繼續上中學。陳永貴那時就
認識到了培養下一代的重要性，他要選品行好、有
文化的人來培養大寨的下一代。他選中了郭鳳蓮，
說服她擔任大寨幼兒園的老師，做大寨的「孩子
王」。

在幼兒園當老師，風吹不著，雨淋不著，看好孩子就行，不用參加生產勞動。一九六三年八月那場災難過後，大寨人為重建家園，再次甩開膀子，拼足了勁。郭鳳蓮坐不住了，十五歲的她毅然投身到熱火朝天的勞動中去。最初，她與趙小蘭結伴，兩個人起早貪黑，和壯勞動力幹一樣的活，幹得又快又好，得到了大家的讚揚和陳永貴的肯定。在郭鳳蓮的帶動下，投身到大寨勞動大軍之中的女青年也越來越多，人們把她們稱作「大寨鐵姑娘隊」。

「鐵姑娘？」錢德里卡有點疑惑和好奇。宋立英解釋說：我們的鐵姑娘，就是巾幗不讓鬚眉，敢想、敢幹，不畏艱險，勇往直前。錢德里卡似懂非懂地點了點頭。

一九六四年，郭鳳蓮當上了鐵姑娘隊隊長，那一年她十六歲。她帶領二十六位花季少女，同男社員一道戰天鬥地，改造家鄉的落後面貌，成了那個時期家喻戶曉的人物，受到毛澤東、周恩來、李先念、鄧小平等老一輩無產階級革命家的接見和讚揚。一九六六年一月，大寨黨支部吸收郭鳳蓮加入了中國共產黨。

「鐵姑娘隊」和「鐵姑娘」郭鳳蓮很快就成了全國青年人學習的榜樣。陳永貴當選中央政治局委員和國務院副總理後，一九七三年十二月，大寨大隊黨支部召開會議，一致同意陳永貴的提議，由二十六歲的郭鳳蓮擔任大寨大隊黨支部書記。

大寨行讓錢德里卡記住了三個人：宋立英，還

有她沒有見過面的陳永貴和郭鳳蓮。

會見老紅軍

斯里蘭卡農業考察團結束在中國北方的訪問後，又前往廣東訪問。他們在肇慶參觀水利工程，在從化參觀了從化農業研究所。在廣州，他們會見了省革委會副主任李堅真。

李堅真是個老革命。二十九歲的錢德里卡甚是興奮，她是學政治的，對李堅真的革命經歷很有興趣。她們的談話很少客套，完全就像拉家常一樣，有問有答，真摯自然。

李堅真告訴錢德里卡說：她一九〇七年出生，做過童養媳，二十歲加入中國共產黨，曾在中央蘇區從事婦女工作。一九三四年跟隨紅軍長征，分配在中央直屬機關司令部，先後擔任民運科科長，幹部休養連指導員。

錢德里卡會見老紅軍李堅真。

一個二十七歲的女子參加二萬五千里長征，真不可思議！錢德里卡要求李堅真講講長征的故事。幾個故事當中，一個故事最感人：有一天，敵機盯上了幹部休養連，一陣轟炸掃射，打死好幾匹馬，打傷了好幾位民工和挑夫。擔架沒人抬，藥箱沒人挑，李堅真急得幾乎要哭出來。這時候，毛主席經過這個地方，關切地問她情況，她作了匯報。毛主席一看躺在地上的傷員和藥箱，急忙命令他的警衛班留下來幫忙。李堅真擔心毛主席的安全，連忙說：「毛主席，你快走，別管我們！」毛主席擺擺手說：「你們都敢頂在這裡，我怕什麼！」他看到警衛班戰士已經在抬傷員、挑藥箱，才上馬繼續前行。望著毛主席魁梧的背影，李堅真噙在眼眶裡的眼淚流了下來。

　　紅軍長征到達陝北後，立即投入抗日戰爭。一九四三年，李堅真的丈夫鄧振詢遭遇日偽「掃蕩」，英勇犧牲。李堅真含著眼淚，俯身從丈夫身上取下他的遺物——一支手槍。在日後的戰爭中，她經常用這支手槍和自己的手槍輪番向敵人射擊，被稱為「騎馬挎雙槍」的女戰士。

　　李堅真是隨中央紅軍長征的三十名位女紅軍之一。聽了她的故事，錢德里卡肅然起敬。

別開生面的覲見談話

　　錢德里卡是一個性情中人。她對這次訪問總是

江勤政大使向庫馬拉通加總統遞交國書。

念念不忘。二〇〇〇年,我在斯里蘭卡當大使,她已經是斯里蘭卡總統。期間,她不下四次提及一九七四年的訪問,也少不了對我感謝一番。這當中,她說得最詳細的一次是在我遞交國書那天。

我向錢德里卡‧庫馬拉通加總統遞交國書的儀式簡約而隆重。那天,斯里蘭卡外交部禮賓司長專程來到中國駐斯使館,請我乘坐斯方提供的禮賓車前往總統府。儀式在總統府禮賓廳舉行。遞交國書時,斯外長和總統秘書分立總統兩側,後面有身著制服的陸海空三軍禮賓官值守。我上前雙手合十向總統致意、問候,將準備好的國書呈送給總統。總統收下,儀式結束。

With warm friendly wishes to Ambassador Jiang + Madame We...
2... Jebison
19 Feb. 03.

儀式結束後，總統引領我進入總統府大客廳，雙方坐定，覲見談話開始。按慣例，雙方互致問候後，我應該首先講話，表述被任命為大使的心情，轉達國家主席對她的問候，讚頌與評價中斯兩國的關係，讚揚斯里蘭卡所取得的成就，表示自己將努力完成所負使命的願望，並希望總統及其政府予以協助和支持等。但總統不等我開口，就談起她一九七四年的中國之行。她感謝我當年為她當翻譯和溝通聯絡，使訪問圓滿成功。二十六年了，當年訪問過的地方，比如大寨，見到和聽到過的人，如華國鋒、陳永貴、郭鳳蓮、李堅真，她都一一問到，詢問那些地方的變化，詢問那些人現在的情況。我根據自己了解的情況，向她作了簡要介紹。等我介紹

完了，總統還一一介紹了她當年率領的代表團成員的情況。

　　談著談著，我看了一下手錶，心想時間很長了，於是抓緊時間感謝總統親切友好的談話，轉達江澤民主席對總統的問候。我表示：斯里蘭卡是我的第二故鄉，我將為促進中斯友好合作關係的發展貢獻全部力量。中國政府堅定支持斯為維護國家獨立、主權和領土完整，促進經濟發展所作的努力。總統請我轉達她對江澤民主席的問候，並表示她的政府堅持執行對華友好政策，在涉及中國核心利益的問題上，一定會給予一如既往的支持。她感謝中國對斯的幫助，希望進一步發展同中國的友好合作關係，特別是經貿關係。她表示全力支持我的工作，並願同我保持密切聯繫和溝通。

「9・11」後共話反恐

庫馬拉通加總統談反恐

二〇〇一年九月二十八日上午，使館突然接到通知，說庫馬拉通加總統要見我。我立即趕赴總統府。簡單寒暄後，總統開門見山，說她想同江澤民主席或朱鎔基總理進行電話交談，讓我幫助聯絡。

庫馬拉通加總統介紹了斯政府對美國「9・11」事件和反對恐怖主義的立場。她說，作為恐怖主義的長期受害者，斯里蘭卡堅決反對一切形式的恐怖主義。她對紐約和華盛頓遭遇恐怖襲擊感到震驚，對美國政府和受害者家屬表示同情。

她注意到，這次事件發生後，美國反應格外強硬。她說：美國總統喬治・布什一會兒說要發動「新十字軍東征」，一會兒是「無限正義行動」，昨天又改為「持久自由行動」。美國態度強硬，在全世界以美畫線，順之者為友，逆之者為敵，逼迫其他國家表態。在南亞，美國要求所有國家幫助它捉拿本・拉登，征服塔利班。巴基斯坦同意了，印度同意了，孟加拉國同意了，我們不能不同意。我們同意美國使用亭可馬里的海、空軍基地。

她認為，「9・11」事件的發生有其深刻的原因。消除恐怖主義，必須縮小貧富差距，實現社會公正，防止一些人鋌而走險；另一方面，超級大國

也應改變政策。以恐制恐，無濟於事。全世界要團結起來，制定一視同仁和公平合理的方案，共同打擊恐怖主義。在反對恐怖主義的鬥爭中，不應採取雙重標準。

她抱怨，有些國家對斯里蘭卡反對恐怖主義的鬥爭採取顛倒是非的態度，以關心人權為名，對斯政府反對恐怖主義的行動橫加指責。

她擔心，美國針對本‧拉登和阿富汗塔利班的行動會不會激化矛盾，從而導致國與國之間的戰爭？南亞局勢緊張，必然影響本地區乃至亞洲的經濟。如果商業運輸中斷，斯里蘭卡別說發展，就連食品和燃料供應都會成問題。

總統說，國際形勢、地區形勢正發生急遽變化。中國的作用日益突出，日益重要。她期望同江澤民主席或朱鎔基總理就一些重大問題進行電話交談。她還說，必要時將派外長，或者由她本人親自赴中國同中國領導人會晤。

我對總統的介紹表示衷心感謝，並表示一定將她的要求報告中國政府。我說：恐怖主義是人類社會的共同敵人。中國反對一切形式的恐怖主義。不論恐怖活動發生在何時何地、針對何人、由誰組織、以何種方式出現，國際社會都應採取一致立場，同仇敵愾，堅決打擊。打擊恐怖主義絕不能採取雙重標準。

九月三十日晚，江澤民主席應庫馬拉通加總統要求，同她進行了電話交談。

斯外長卡迪卡馬爾談反恐

二〇〇一年十月一日，我應約會見了斯外長卡迪卡馬爾。談完雙邊關係中若干具體問題之後，卡迪卡馬爾向我介紹了斯對反恐問題的態度和立場。

卡迪卡馬爾外長說：斯長期受恐怖主義的困擾。二十年來，斯數以萬計的無辜民眾包括婦女、兒童死於非命。斯里蘭卡中央銀行、佛牙寺和許多公共設施遭受破壞，印度前總理拉吉夫·甘地和斯里蘭卡僧伽羅族、泰米爾族及穆斯林族政治領導人，如時任總統普雷馬達薩、內閣部長加米尼·迪薩納亞克和泰米爾聯合解放陣線主席阿米達林加姆等慘遭殺害，現總統線德里卡·庫馬拉通加夫人也被炸受傷。

斯一直對西方說，你們對恐主義太縱容，泰米爾恐怖主義者在你們的國家籌措資金，你們要做些事情。他們無動於衷，說沒有相關法律。紐約世貿中心、東京地鐵和倫敦一些地方發生恐怖襲擊以後，他們才開始關心起來，作了一些表示，法國通過了反恐怖主義法案，聯合國也通過了一些決議。斯在聯合國通過反恐怖主義決議中扮演重要角色。聯合國應成為反恐怖主義的核心。

然而，西方並不重視斯的關切。雖然一九九七年美國宣布「老虎」（指泰米爾猛虎組織）為恐怖主義組織，今年二月英國也宣布「老虎」為恐怖主義組織，但實際上並無進展。他們沒有禁止「老

江勤政大使應約會見斯外長卡迪爾卡馬爾。

「虎」在他們的國家籌集資金，沒有阻止「老虎」在他們的國家洗錢。斯里蘭卡處於無助的境地。

「9‧11」事件後，聯合國安全理事會一致通過決議，規定所有國家應把協助恐怖活動定為犯罪，制止資助恐怖分子，不給予恐怖分子安全庇護，並交流有關策劃恐怖襲擊的集團的信息。同時，成立了由十五名成員組成的反恐怖主義委員會，監測該決議的實施情況。

布什總統說要剷除每個角落的恐怖主義，這只是說說而已。美國盯著的，只是襲擊美國的恐怖主義組織。斯里蘭卡則希望全世界對恐怖主義採取一致的態度，不要有雙重或多重標準。

一九八八年，南亞區域合作聯盟通過了反恐怖

主義的條約，但沒有實施。在當前的形勢下，南盟
應該實施這個條約了。對阿富汗問題，南亞諸國都
同意在美國對阿採取行動時向美提供設施，但又擔
心對阿的轟炸影響南亞的穩定。巴基斯坦受影響最
大，印度對此也非常關注，斯里蘭卡則擔心石油和
食品供應受到影響。

　　斯里蘭卡堅定地認為，「9‧11」後，所有國家
都應團結起來反對恐怖主義。走私武器和毒品、販
賣人口都是恐怖主義組織的資金來源，西方國家應
更積極地查禁恐怖主義組織在他們國家所從事的此
類活動。

王峴生回憶與班達拉奈克家族的情緣

　　王峴生是中國資深外交官，曾任駐尼日利亞大使和駐哥倫比亞大使。他的外交生涯是從斯里蘭卡開始的。他和妻子陳依彌年輕時曾先後兩次奉派赴斯工作，與斯里蘭卡特別是班達拉奈克家族結下深厚情緣。以下是他的回憶：

一開始就沉浸在友誼之中

　　我和陳依彌結婚不久，便奉命參與籌建駐錫蘭使館的工作。一九五七年五月，我們作為第一批外交官，隨同中國首任駐錫蘭大使張燦明經香港，乘「維多利亞」號遊輪到達錫蘭首都科倫坡—我們外交工作的處女地。

　　錫蘭的風光著實迷人，但錫蘭人民向我們展示的兩大朵歷史性的「友誼之花」更使我們激動，使我們忘記了將近九天的漫長旅程帶來的疲勞。

　　從港口碼頭到我們的臨時駐地，不時看到錫蘭老百姓向我們伸出大拇指，用非常簡單樸實的語言連聲歡呼：「周恩來！」「中國大米！」我們因熟悉情況，也伸出大拇指呼應說：「班達拉奈克！」「錫蘭橡膠！」

以上的真實故事，猶如兩朵友誼之花，盛開在五〇年代冷戰和地區熱戰交織以及反帝、反殖和民族獨立運動蓬勃發展的時期，至今我仍記憶猶新，難以忘懷。它是開不敗的，永遠激勵著兩國人民友好互助，情同手足。正是由於這兩朵「鮮花」的開放，我們一踏上錫蘭國土，就沉浸在友誼之中，很多事辦起來都比較順利。我們的大使破格提前呈交了國書，我們的館址和住處很快得到了解決。連我們的孩子在首都一家醫院誕生後也備受歡迎和照顧，醫生和護士都主動打電話到使館祝賀，說錫蘭又增添了一個「中國小朋友」。為了紀念我們在錫蘭的工作、生活和友誼，幾年後，我們就把新生的女兒取名為蘭濤。

我當時是使館的一名職員，主要從事調查研究工作，見到班達拉奈克先生的機會不多，但工作的性質從一開始就把我同這位錫蘭領導人的思想和活動聯繫在一起。他被刺身亡之前不久，我曾有幸在總理府花園（Temple Tree）見過他一面。當時鐵托總統來訪，班達拉奈克為他舉行盛大的招待會。我作為張大使的翻譯，第一次出席這樣的場合，頗有一些興奮。但更令我神往的是周總理的新朋友—班達拉奈克本人。他身材瘦溜，動作輕巧，語言簡練，對人和藹可親。他同張大使談話時十分強調與周總理的友誼以及他對新中國的敬仰，說他邀請鐵托訪問表明，錫蘭一定要走不結盟的道路，贊同和平共處五項原則。

一九六四年，陳依彌（前排左3）作為宋慶齡的翻譯兼生活秘書隨同訪問錫蘭途中，在昆明合影。

沒想到，這竟是我第一次，也是最後一次見到這位錫蘭偉大的愛國者。

一九五九年九月，中國武漢雜技團首訪錫蘭，我作為聯絡兼翻譯全程陪同。雜技團精湛的表演藝術，特別是著名演員夏菊花的咬花柔軟體操表演轟動了全島，吸引著千萬觀眾，場場爆滿。錫蘭各大報刊競相追蹤報導和評論。錫蘭群眾雖不瘋狂，但好似已醉，每天排隊買票的隊伍總是長長的，絡繹不絕。

九月二十六日班達拉奈克總理遇刺後，為了表示沉痛的哀悼，雜技表演全部停止，使館的國慶招待會也取消了。班達拉奈克安葬的那一天，我們大使館很多同志都不禁流下傷感的眼淚。

在班夫人一九六二年和一九七二年兩次訪華期間，我妻子陳依彌有幸參加接待工作。一九六四年，陳依彌又作為宋慶齡的生活秘書兼翻譯陪同訪問錫蘭。她親身經歷了兩國領導人之間的友好往來，並同班夫人多次接觸。她私下對我說，班夫人真是個了不起的女人，堪稱錫蘭的「巾幗英雄」。

兩對「忘年之交」

一九七一年初，我和妻子陳依彌第二次到駐錫蘭大使館工作。我擔任研究室主任，她負責辦公室禮賓、文書和高級翻譯工作，兼管軍援事務。斯里蘭卡軍方給她取了個外號——「女武官」。我們夫婦此時在使館已獨當一面，配合默契，共同交了很多朋友，特別是班夫人的家族成員，比如她的弟弟、私人秘書拉特瓦特，她的貼身秘書、大女兒蘇尼特拉，她的兒子、國會議員阿努拉，她的小女兒錢德里卡小姐（即後來的總統錢德里卡·庫馬拉通加夫人）。

這時，錢德里卡小姐已是一個開始成熟的女青年，剛從法國留學回國，說一口非常流利的法語和英語，在政府從事農業發展方面的工作。我因當時正在業餘學習法語，並正在研究斯里蘭卡的社會和農業問題，同她的共同語言較多，一見如故，很快成了「忘年交」。我們相約，每星期我去她家（總理住宅）一次，她先教我法語，然後我教她幾句中

一九六四年宋慶齡訪問錫蘭時，陳依彌為宋副委員長與錫蘭總理班達拉奈剋夫人做翻譯。

國話。每次她都十分認真地教和學，然後熱情款待，與我暢談國家大事，縱論國際形勢。我很快發現，她知識豐富，才華橫溢，對政治問題很敏感，看問題尖銳，為人誠懇、坦率。

另一對「忘年之交」是我妻子陳依彌同班夫人。班夫人第二次出任總理時，身體不太好。應她的要求，中國政府派出了包括針灸、心臟和神經三方面專家的醫療組到斯里蘭卡為她治病。陳依彌因為是女外交官，英文又比較好，辦事較方便，當時便充當了聯絡兼翻譯。由於陳依彌認真負責，對班夫人精心照顧，很快便成了班夫人的「忘年之交」和「身分顯赫」的女友，經常出入於總理府和總理官邸。班夫人把她看成是自己的女兒一樣，有時情

不自禁地向她吐露家庭乃至政府工作方面的煩惱和打算，甚至還問「該怎麼辦好」。班夫人還特地向門衛交代，陳女士去她那裡，無須事先約定，憑身分證便可隨時進入。

我們夫婦同班夫人母女之間的這種「忘年之交」，說起來很平凡，但從這種「平凡」中，人們不難看到中斯兩國友好關係的根基之深。這需要有良好的機遇，也需要精心的培育，以及外交官個人滿腔熱情的追求。

難忘的歲月和人生悲劇

我同陳依彌先後在錫蘭工作了將近十年。第一次是一九五七年至一九六一年。當時我們還只是二十級和十八級的科員（她比我高兩級），但工作任務卻很艱巨。她在調研室承擔著繁重的翻譯和資料工作。那時的我簡直是個「萬金油」，除調查研究工作外，還充當政務參贊姚登山的翻譯，負責新聞公報，幫助跑外勤。工作雖忙，但在任四年，我們一直生活得很愉快、很充實，並學習了僧伽羅語，簡直像是在度蜜月一般。我們的前兩個孩子都是在使館出生的。由於工作需要，我們幾乎跑遍了整個錫蘭島。我們在野生動物園近距離見過漂亮的母豹，以及在落日餘暉中兩個大象家庭在湖邊聚會、戲水和親吻的場面。我們夫婦還曾雙雙騎上大象，漫步在原野上。我們到過亞洲最大的佩拉德尼亞植

物園，這裡有周總理和鐵托總統等名人種下的紀念樹。我們看過全世界佛教徒都十分嚮往的佛牙。我們還沿著周總理的足跡爬上了西格麗亞石峰，眺望錫蘭「三園」美景—茶園、橡膠園和椰子園，層層疊疊，各具特色，令人嚮往。後來，我們還利用假日，到綠色地毯一般的大茶園小住數日，領略了那裡茶葉的芳香，品嚐了世界上最好的紅茶。我們還到過世界聞名的海港亭可馬里，看望過那裡的情人石—傳說有一對戀人在這裡投海殉情。我們熱烈擁抱在情人石上，體驗著時代的幸運和幸福—那梁祝時代、羅密歐與朱麗葉時代一去不復返了！

一九七〇年底，國內「文化大革命」正開展得轟轟烈烈，極「左」思潮泛濫。這時候，中國駐錫蘭使館一個外交部的幹部也沒有了，臨時代辦是兄弟單位的外行，公務員也做了黨委委員，掌握著使館的大權。國慶招待會時，使館大門口的橫幅上寫著亮晶晶的幾個大字：槍桿子裡面出政權！引起駐在國強烈反應。周總理聞報後很是生氣，批評說：這麼一個重要的大使館，一個外交部的外交官都沒有，你們怎麼放心得下？！

正是在這種情況下，外交部火速派經驗豐富的楊正凡參贊去錫蘭任代辦。我們夫婦因熟悉錫蘭情況，也被選派去做楊的助手，並於一九七一年初上任。這時候，我們已進入中年，經過「文化大革命」的「洗禮」，政治上也比較成熟。我們生活和工作得很和諧，努力為使館糾正極「左」思潮，為

開創對斯里蘭卡關係新局面做了大量具體和細緻的工作。

一九七四年國慶節後，我們回國休假。這是我們參加工作二十多年後第一個長假，機會難得。我們帶著大兒子朝華第一次回到了家鄉安徽南陵縣，登上了黃山，觀看日出；遊覽西湖，走過長長的蘇堤和白堤，觀賞三潭印月；然後回到北京，一家五口（這時老三也已 11 歲）團圓歡聚，並第一次合影留念。

真是「天有不測風雲」，沒想到這竟是我們一家最後一次團聚。黃山歸來後不到一個月，我一生中最大的不幸發生了。

十二月十二日，在我們結束休假返館前夕，依彌忽然得了重感冒。考慮到使館年終總結需要我們趕回，機票已買好，我希望最好行程不變。她雖然有些勉強，但還是準備遷就我。十三日早晨，一量體溫，已不發燒，她雖然感到體弱和不適，仍決定跟我一起走。結果她一路病情加重，十五日到科倫坡後，轉為心肌炎。我徹夜守候，班夫人還派了她的私人醫生來會診，結果仍搶救無效。十六日清晨五時零五分，即回到使館十八個小時後，依彌永遠地離開了我，一句話也沒留下。

這一出乎意料的打擊令我傷心至極，茫然若痴，臥床一個多禮拜，處於半昏迷狀態。睡夢中，我們夫妻一會兒來到朝鮮松岳山下的泉水邊，一會兒擁抱在情人石上；一會兒又在印度洋的海灘上嬉

戲。我看到她同宋慶齡和班夫人交談，同周總理跳舞，在給孩子們寫信……後來逐漸清醒，我想到「青山處處埋忠骨」，遂決定把她的部分骨灰埋葬在科倫坡，並同意以大使館名義為她立了碑，以示永久紀念。

寄託哀思的鮮花

依彌不幸離世的噩耗傳出，驚動了很多朋友和駐在國領導人。斯里蘭卡總統高伯拉瓦急電向我表示慰問。總理班達拉奈剋夫人當日也發來唁電表示「深感悲痛和難過」，並稱讚陳依彌的純樸以及生前與她本人的友誼。斯貿易部長、陸軍司令和海軍參謀長等各界政要一百多人前來弔唁。令我最難忘的是，在向遺體告別時，一向活潑的錢德里卡小姐邁著沉重的步子，手捧鮮花一步一步向我走來。她說，她是代表母親班夫人來的。她緊握著我的手，沒有流淚，但從她的表情不難看出，她為我失去親人而分擔著我那極度的悲傷。

當時我妻子只是二等秘書，斯政府如此破格弔唁，充分反映了兩國關係情深義重，也是陳依彌個人努力工作的結果。她當時是班夫人家中的常客和「沒有軍銜的女武官」，同軍方關係也非常密切。斯方對她的哀悼，實際上也有相當程度的感情因素。

　　一九九六年四月，我同一些外國朋友以及中國駐外大使正在黃山與當地領導探討開展友好城市和擴大貿易往來的可能性，並欣賞那裡誘人的初春景色，忽然接到外交部有關部門的電話，通知我說：斯里蘭卡總統庫馬拉通加提出，在對中國進行國事訪問期間，希望能有機會見到我。現已安排在二十二日中午會見，要我及時趕回北京。

　　我一向是個很容易入睡的人，幾乎是落枕就著。可是這一晚我徹夜難眠。這通電話，不禁讓我回憶起和妻子陳依彌在斯里蘭卡工作的歲月，以及我們同庫馬拉通加總統及其家族的深厚情緣。

　　這時已是二十日夜裡，我立即收拾行裝準備次日回京。提前離開我深深愛著的故鄉黃山，確是一件憾事；但能見到我個人有著特殊經歷和感情的友好國家的總統，也真是一大快事和榮幸。

　　「這就是我想見的王大使嗎？啊，是的，沒太大變化，神情、風度和體態都還是老樣子，就是胖了點。」

　　四月二十二日，在釣魚台國賓館十七號樓，我有幸在祖國的首都又見到了我的老朋友、時任斯里蘭卡總統庫馬拉通加夫人。她一見面就打開了話匣子，雖比過去多了幾分莊嚴，但仍保留了往日的歡快、坦誠和風趣，充滿活力。

　　「您不僅胖了，也老了！更重要的是，你變

了，你做了總統。我早就在心裡祝賀你了，現在再當面祝賀一次。我真為你高興。」我不是在說官話，我是在說一個朋友的心裡話。

寒暄之後，我們一起去前門烤鴨店出席顧秀蓮部長為她舉行的午宴。我被安排坐在庫馬拉通加總統的右手。席間，我們共同回憶當年我們互教互學的情景以及很多有趣的交往，互相介紹了各自的工作和生活情況。她後來開玩笑地問我，當時有沒有想到她會當上總統？我說：如果說我當時就想到了你會當總統，那可大有「拍馬屁」的嫌疑，可是說實在的，我當時確實覺得你很有才華和天賦，可能前途無量。她聽了哈哈大笑，說：「你真是個高級外交官，你這還是在『拍馬屁』啊！」她還說，她同母親都很珍視同我和亡妻陳依彌的友誼，常掛唸著我。如果有空的話，她願邀請我到斯里蘭卡去度假。我感謝她的邀請，表示可在八九月間成行，期待著再次相逢在科倫坡。

會見後，我的心情久久不能平靜。有些話當面不便說，但盡在不言中。我知道這位女總統的生活也是很坎坷的。她曾有一個斯里蘭卡人民為之著迷的電影明星丈夫，有一子一女，過著人們羨慕的生活，共同為他們祖國的穩定和發展以及文化藝術的繁榮而辛勤地工作。但她的命運也像她母親一樣苦，她的丈夫大約在十年前也被敵對勢力殺害了。從她們兩代人身上，我看到了鬥爭的殘酷，看到了兩位斯里蘭卡偉大婦女的形象。她們沒有屈服，沒

有被嚇倒。她們擦乾眼淚，堅強地站了出來，繼續
為自己的理想而奮鬥。她們成功了，而且青出於藍
而勝於藍。我為她們的巨大成功而高興，也由衷地
欽佩她們，同情她們的不幸遭遇。

我終於圓了一個夢

這時，我闊別斯里蘭卡已經二十二年了。由於
上述的一些特殊經歷和感情因素，我一直渴望著重
返科倫坡。一九九六年九月初，我有幸應庫馬拉通
加總統的邀請，作為她的私人朋友到斯里蘭卡進行
度假訪問。訪問是短暫的，但引起的回憶卻很長很
多。

斯里蘭卡綺麗的風光和迷人的景色使人陶醉，
流連忘返，自不待述。總統及其一家對我的友好情
誼和「上賓之禮」更使我深受感動。整個畫面的背
景當然是兩國源遠流長的友好歷史和親密的國家關
係，但同我個人的經歷也是分不開的。

我們夫婦是第一批踏上錫蘭國土的中國外交
官。我們參加了全部建館工作，結交了很多朋友，
同班夫人子女和親屬關係尤為親密。我們的一子一
女均出生在科倫坡，大兒子是中斯建交的同齡人，
女兒的名字也是為了紀念中斯友誼而取的。我亡妻
的部分骨灰埋葬在科倫坡國際公墓。這一切的一
切，都使我情系科倫坡，把斯里蘭卡看成是我外交
工作的處女地、我的第二故鄉。

庫馬拉通加總統深知我的心情，我度假訪問的日程安排第一件事就是掃墓，讓我首先完成二十多年的夙願。墓地負責人還破例允許我在墓碑四周栽種了長青小花樹。庫馬拉通加總統當天便親切地會見了我，並於次日為我舉行家宴。她八十高齡的母親、總理班夫人儘管行動有些不便，也特地趕到總統府出席。訪問期間，我還有幸會見了斯外長，並到班夫人家作客，看望了總統的舅舅以及不少新聞界和經濟界的老朋友，共敘往日情誼，展望兩國友好關係更美好的前景。庫馬拉通加總統十分關心她自己國家的和平、安定和發展，強調擴大和加強對外經貿關係，盼望斯中兩國在經濟合作方面「更上一層樓"，給我留下了深刻的印象。班夫人雖年事已高，但記憶十分清晰。在親切交談中，她幾次提到周總理很關心斯里蘭卡的安定以及她本人的健康，回憶宋慶齡副委員長訪斯的情景以及我妻子的模樣和神態，使我深受感動。

　　九月九日，我滿載友誼告別了第二故鄉。一路上，我心潮起伏，思緒萬千，為失去親人而傷心落淚，但同時也感到一種欣慰。因為我和我亡妻以及我們的孩子都是兩國一個歷史時期友好關係的見證人，而且為這種友好關係作出了一點微薄的貢獻。

　　我的孩子們都知道我們同庫馬拉通加總統及其家族的情緣，知道那美麗的斯里蘭卡。我們兩國人民的友好情誼，不僅在我這一代要繼續促進，我相信，我們的子孫後代也一定會延續下去的。

老朋友拉賈帕克薩

初識馬欣達

　　我最初結識馬欣達・拉賈帕克薩是在上世紀八〇年代初，當時我們都三十多歲。他一九四五出生，一九七〇年首次當選國會議員時還未滿二十五歲，是當時最年輕的議員。他經常穿一身經過改造的僧伽羅民族服裝，白色外衫，白色褲子。這樣的著裝顯得幹練、精神。

　　我與他有多次見面的機會，但當時我只是使館翻譯，與他單獨交談的機會不是很多。他給我的感覺是，心氣很高，說話底氣很足，態度很誠懇。

　　到九〇年代，我們再次見面時，他已是議會人權委員會的秘書長。我那時是使館政治處主任。我的相冊裡有一張照片，是他在與我談話，當時的文化部長拉納辛哈專注地看著他。具體談了些什麼，我已記不住了，好像是討論穩定與發展的關係。因為那時候中國也有這樣的問題。他想訪問中國，了解中國改革、開放、發展的情況。我們使館同廣東省政府聯繫後，拉賈帕克薩訪問了廣東。訪問歸來，他見到我，對這次訪問表示非常滿意。

　　二〇〇〇年七月，我出任駐斯里蘭卡大使，那一年他當選自由黨副主席。二〇〇二年二月，他當

選自由黨領袖，還擔任港口、航運和漁業部長。由
於雙邊、多邊的活動很多，我們見面的機會當然很
多。我發現他的服裝略有變化。出席正式場合，他
經常身著傳統大袍，多數場合穿白色的，有時也穿
黑色的，肩膀上總是圍一條紫紅色的圍巾。地位變
了，但他說話依然溫文爾雅，和藹可親。

到部長家做客

二〇〇一年十二月，我應拉賈帕克薩部長夫婦
的邀請，前往觀看拉賈帕克薩夫人在他們的家鄉創
辦的學齡前少兒學校（Carlton Pre School）的文藝
匯演。

十四日，我和使館一等秘書趙橋樑從科倫坡出
發，途經南方省省會高爾時，中國港灣公司駐斯代
表黃鋼與我們會合。到達目的地，我們在當嘎拉海
景賓館住下，馬上到漢班托搭瀉湖參觀，了解那裡

江勤政大使抵達拉賈
帕克薩夫人在他們的
家鄉創辦的學齡前少
兒學校。

的建港條件。這是我們第一次看到後來建成大港的漢班托塔。看了以後，我們都覺得，這裡水深、浪小，是個建港口的好地方。附近有個「建港辦公室」，說明政府已有建港的意向。我們想造訪這裡的工作人員，可是，辦公室沒有開門，只有幾名警衛在門口看守。聽說附近還有個古達威拉港灣，我們也去看了看。黃鋼說，建一個漁港不成問題。

十四日晚上，拉賈帕克薩部長親自到我們入住的酒店看望，歡迎我們訪問他的家鄉。我再次感受他的平易近人。

十五日下午，我們前往學校，拉賈帕克薩夫婦居然領著師生們夾道歡迎，這使我們非常感動。學

學齡前兒童的舞蹈表演

學齡前兒童的軍樂表
演

校禮堂坐滿了人，大多是孩子們的家長。大家翹首
企足，欣賞孩子們的表演。演出結束時，拉賈帕克
薩夫人邀請我上台講話。末了，小演員們個個興高
采烈，把我圍了起來。

　　當天晚上，拉賈帕克薩邀請我們出席他的家庭
宴會。他談笑風生，敘斯中友誼，談家鄉情況，話
漢班托塔港前景。在這個宴會上，我們第一次見到
他的三個兒子：老大 Namal、老二 Yoshitha、老三
Rohitha。

總統來電

　　二〇〇六年二月十九日晚七時三十分，我突然接到一個電話。電話的另一頭用僧伽羅語問：「請問你是江大使嗎？我這裡是斯里蘭卡。」我用僧伽羅語回答「是」。沒等我說話，對方就把電話給了另一個人。

　　「阿優博萬（你好），我是馬欣達‧拉賈帕克薩。大使閣下，你好嗎？」一聽是拉賈帕克薩，斯里蘭卡時任總統，我吃了一驚。我都退休三年了，總統還記得我，給我打電話，我真有點受寵若驚。我馬上向他問候致意。寒暄之後，我們拉了拉家常。然後，他介紹了斯里蘭卡形勢。他說，他就任總統以後，猛虎組織不斷挑起事端，造成八十多人死亡，包括軍人、政治家和平民。事實證明，普拉巴卡蘭（猛虎組織頭目）不可信，他們熱衷於戰爭。但斯政府一直採取克制態度，力求和平解決問題。值得高興的是，政府的努力取得了進展。本月二十三日，政府與猛虎組織將在日內瓦就雙方以前達成的停火協議執行情況舉行會談。

　　拉賈帕克薩總統說，斯政府致力於發展同中國的友好關係和經濟合作。斯方準備在中國主要城市設領事館，他說明天（20 日）將會見中國駐斯大使並提出這個問題。他還表示希望儘早訪華。

　　拉賈帕克薩是三個月前，即二〇〇五年十一月十八日當選總統的。我對他就任斯總統表示熱烈祝

賀，並預祝他在領導斯里蘭卡人民實現和平與發展的崇高事業中取得成功。我對斯和平進程取得進展表示高興。我對總統說，二〇〇七年是中斯建交五十週年，總統訪華對推動中斯友好合作關係進一步發展具有特殊意義。

舊地重遊

二〇〇七年十一月十四日至二十一日，中國前駐斯里蘭大使高鍔、張成禮和我三人偕夫人，應斯里蘭卡政府的邀請，對斯進行了友好訪問。

得知我們來到斯里蘭卡，拉賈帕克薩總統在原定日程以外破格予以接見。總統說：你們三位為斯

二〇〇七年十一月，拉賈帕克薩總統會見高鍔（左4）、張成禮（左3）、江勤政三位中國前駐斯大使。時任駐斯大使葉大波（右1）陪同。

中關係的發展作出過重要貢獻。今年是斯中建交五
十週年，你們來訪具有特別的意義。他對中國政府
多年來向斯里蘭卡提供的無私援助表示衷心感謝。
他說：最近斯中兩國政府就普特蘭火力發電廠、漢
班托塔港口和科倫坡表演藝術中心等三個項目的建
設達成協議，我們非常滿意。他說，中國最近向斯
里蘭卡提供近十億美元的援助和商業貸款，數額之
大前所未有。這些項目的順利建成將會長期造福於
斯里蘭卡人民。他表示，斯政府將繼續致力於發展
同中國在政治、經濟、文化和軍事等各個領域的緊
密合作。

　　拉賈帕克薩總統還說：斯里蘭卡遭遇前所未有
的海嘯災害後，中國政府和人民及時提供多批緊急
援助物資，派出了醫療隊前來救援，還幫助我們進
行災後重建。我們對此非常感謝。

北京奧運志願者

　　二〇〇一年七月十三日，國際奧委會在莫斯科
召開全體會議，遴選二〇〇八年奧運會主辦方。經
投票，國際奧委會主席薩馬蘭奇宣布，北京成為二
〇〇八年奧運會主辦城市。當天晚上，消息傳來，
北京四十萬群眾湧向天安門狂歡。從電視上看到人
們慶祝申奧成功的熱烈場面，我的內心也是波濤翻
滾。我暗下決心，一定要為北京奧運會做點什麼，
哪怕是很小的事情。

北京奧運會期間，江勤政和另外三名斯里蘭卡代表團志願者合影。

二〇〇六年八月，北京奧運會組委會開始招募志願者。我報名了，面試合格，正式成為北京奧運會志願者。組織者問我願意做什麼工作，我毫不猶豫地說：我願為斯里蘭卡代表團服務，該國是我的第二故鄉。

為斯里蘭卡代表團服務的志願者，除我以外，還有北外學生謝曉寧、徐逸舟和李金鵬。我們的服務內容涉及禮賓接待、語言翻譯、交通運輸、安全保衛、醫療衛生、觀眾指引、物品分發、溝通聯絡、競賽組織支持、場館運行支持、新聞運行支持、文化活動組織支持等領域。

第二十九屆夏季奧林匹克運動會於二〇〇八年

八月八日至二十四日在北京舉行。斯里蘭卡體育代
表團由八名運動員和六名官員組成，運動員參加了
田徑、拳擊、射擊、游泳和羽毛球等項目的比賽。
他們當中，蘇桑蒂卡·賈亞辛哈最受矚目。她曾在
二〇〇〇年悉尼奧運會上獲得二百米跑銅牌。對！
當時是銅牌，但後來發現那個項目的冠軍得主、美
國運動員瓊斯服用了興奮劑。結果，瓊斯被判刑，
金牌被沒收。這樣，蘇桑蒂卡順理成章升級為女子
二百米亞軍，獲得銀牌。

　　北京殘奧會於二〇〇八年九月六日至十七日舉
行，斯里蘭卡代表團團長是拉吉夫·維克拉馬辛
格。他十四年前就來過北京。斯代表團有五名運動

員、二名教練員和二名官員。其中四名運動員是第一次獲得參加殘奧會的資格，也是第一次來北京。拉吉夫說，他們這次來北京，不僅要參加殘奧會，還要好好地感受一下北京，多了解一些中國的文

拉賈帕克薩總統會見志願者江勤政。

化。

在北京奧運會和殘奧會上，我們志願者積極協助斯里蘭卡運動員進行賽前訓練，適應比賽場地，並安排好他們的生活。蘇桑蒂卡、拉吉夫和他們的同伴們為衝擊獎牌作出了不懈的努力，雖然沒能成功，但他們的努力依然贏得了中國觀眾發自內心的掌聲和敬意。

拉賈帕克薩總統出席了八月八日晚上舉行的開幕式，以實際行動支持北京奧運會。中國國家主席胡錦濤會見了拉賈帕克薩總統，同他進行了親切友好的談話。

斯里蘭卡駐華大使阿穆努加馬為拉賈帕克薩總統舉行了宴會，邀請我們幾位志願者參加，並對大家表示感謝。總統還特意走到我面前，深情地說：曾經的大使為我們的運動員提供志願服務，確實令人感動。我用北京奧運會的語言說：同一個世界，同一個夢想。我奉獻，我快樂！

馬欣達願景

二〇〇九年斯里蘭卡取得反恐戰爭勝利後，馬欣達‧拉賈帕克薩總統提出了「馬欣達願景」。時任外交部長佩裡斯解釋說，「馬欣達願景」就是斯里蘭卡追求的目標，即要把斯里蘭卡建設成為亞洲知識、航空、投資、商業和能源中心；要在二〇二〇年將人均國民生產總值從不到二千美元提升到七

千美元，從而成為中上等收入國家。此外，「馬欣達願景」還包括了很多社會和文化目標，包括加大基礎設施建設，促進旅遊業發展；推進鄉村發展，幫助農民實現「不離鄉的發展」；實現北部衝突地區重建，完成內戰後民族和解；以及發展與世界各國友好關係，在國際事務中發揮獨特作用等。

斯里蘭卡的發展需求和發展戰略與中方關於共建「二十一世紀海上絲綢之路」的倡議高度契合。斯里蘭卡是首個以政府聲明形式支持中方上述倡議的國家，這是中斯傳統友好在當今的最好詮釋。基於共同的理想，多年來，中斯雙方加強全方位的合作，取得了引人矚目的成就。

經濟合作碩果纍纍

二〇〇九年結束戰爭以後，拉賈帕克薩致力於大規模的基礎設施建設。據佩裡斯外長二〇一四年透露，五年來，斯里蘭卡經濟得到快速發展，國民生產總值年均增長超百分之七，人均國民生產總值可望於當年達到三千五百美元，北部衝突地區超過二十九萬人得到重新安置。

斯里蘭卡大規模的基礎設施建設百分之七十由中國資助。中國在斯里蘭卡的投資總額大約為五十億美元。中方作為斯里蘭卡重要的發展夥伴，積極支持斯里蘭卡基礎設施建設和社會經濟發展，特別是在港口、航空、能源、道路和高速公路、灌溉等

領域。中國政府還將繼續為斯里蘭卡提供力所能及的幫助，鼓勵中國金融機構為斯里蘭卡基礎設施建設提供融資支持。

中斯雙邊貿易和投資規模不斷擴大，加快推進貿易便利化和投融資合作，啟動中斯自貿區談判進程。據中國海關統計，二〇一四年中斯雙邊貿易總額為四十點四二億美元，中國是斯里蘭卡第二大貿易夥伴和第二大進口來源地。有了這個基礎，二〇一五年，在國際貿易增速下滑的大背景下，中斯雙邊貿易逆勢而上，貿易額達四十五點六四億美元，同比增長百分之十二點九。

人文交流方興未艾

二〇〇五年六月斯里蘭卡航空公司開通兩國首都間直航後，中斯兩國間的直航航線不斷增加。二〇一〇年三月，斯航科倫坡—上海航線開通，九月，東航昆明—科倫坡航線開通；二〇一一年一月，斯航廣州—科倫坡航線開通；二〇一五年二月，國航成都—科倫坡航線開通，十月，國航北京—科倫坡航線開通。二〇一五年，中國公民赴斯旅遊達二十一點五萬人次，比上年增長百分之六十七點六。

二〇〇七年十二月，斯里蘭卡駐上海領事館開館，不久於二〇〇八年一月升級為總領館。二〇〇九年十二月，斯駐成都領事館開始開展領事業務。

二〇一二年三月，斯駐廣州總領館開始開展領事業務。上海市與科倫坡市、海南省與南方省等六對中斯省市先後建立友好省市關係。

二〇〇五年八月，中斯兩國簽署新的文化協議。二〇〇七年五月，中國在斯凱拉尼亞大學成立孔子學院。二〇一二年六月，兩國文化部簽署關於在斯里蘭卡設立中國文化中心的諒解備忘錄。

二〇一二年十一月二十七日，斯里蘭卡企業首顆通信衛星由中國的「長征」火箭發射成功。斯里蘭卡從此成為世界上第四十五個擁有衛星的國家，也是南亞繼印度、巴基斯坦後第三個擁有衛星的國家。

斯里蘭卡和中國建立了青年定期互訪機制，中方支持斯方開展漢語教學，加強宗教、文化遺產保護和利用等領域交流合作。

防務合作有新的進展

中斯兩國同意繼續深化防務合作，保持兩國防務部門和軍隊各層級人員往來，密切開展軍事訓練、人員培訓、國防科技、院校建設、後勤保障等領域合作。鑑於恐怖主義、分裂主義和極端主義對地區穩定與安全構成嚴重威脅，雙方重申在雙、多邊框架內開展實質合作，共同打擊「三股勢力」、跨國犯罪和毒品走私。

高層交往頻繁並富有成效

　　拉賈帕克薩二〇〇五年出任總統後，於二〇
七年二月二十六日至三月四日和二〇一三年五月二
十七日至三十日，分別應胡錦濤主席和習近平主席
的邀請，對中國進行了國事訪問。

　　除此以外，他還專程來華參加了博鰲論壇、北
京奧運會開幕式、上海世博會高峰論壇開幕式和世
博會閉幕式、第二十六屆世界大學生運動會開幕
式、首屆中國—南亞博覽會和亞信第四次峰會等。

　　拉賈帕克薩執政期間，斯里蘭卡總理拉特納西
里·維克勒馬納亞克先後三次、總理迪·穆·賈亞
拉特納先後四次、議長恰馬爾先後兩次訪華，議長
羅庫班達拉、外長曼格拉·薩馬拉維拉也曾分別訪
華。

　　在這期間，中國全國人大常委會委員長吳邦
國、國務院副總理張德江、中共中央政治局常委劉
云山，以及胡錦濤主席特使、全國人大常委會副委

二〇〇八年八月七
日，中國國家主席胡
錦濤在北京人民大會
堂會見前來參加北京
奧運會開幕式和相關
活動的斯里蘭卡總統
拉賈帕克薩。

員長桑國衛，全國人大常委會副委員長華建敏，全國人大常委會副委員長嚴雋琪，中共中央書記處書記、中紀委副書記何勇，全國政協副主席張梅穎，全國政協副主席羅富和、國務委員唐家璇，國務委員兼國防部長梁光烈等先後訪斯。所有這些訪問有力地推動了兩國友好合作關係的發展。

二〇一三年拉賈帕克薩對中國進行國事訪問期間，習近平主席和拉賈帕克薩總統一致同意，兩國構建真誠互助、世代友好的戰略合作夥伴關係，不斷增強政治互信，深化務實合作，增進人民友好，促進共同發展。雙方承諾在涉及國家主權、領土完整和穩定發展等核心利益問題上相互支持。中方表示支持斯為維護國家團結、民族和解和發展經濟所作努力。斯方重申堅持「一個中國」政策，支持中國政府為實現國家統一所作努力。雙方同意加強在國際和地區事務中的溝通協調，合作應對氣候變化、非傳統安全威脅等全球性問題，共同維護發展中國家權益。斯方支持中方深化同南亞區域聯盟合作。

中斯戰略合作夥伴關係旨在進一步促進兩國的政治互信，促進共同發展，共同維護地區的和平、穩定與繁榮。這種合作不針對第三國。

拉賈帕克薩說：「他們說我是親中國的。我並沒有親中國、親印度，或是親美國。我是親斯里蘭卡的。我希望斯里蘭卡得到發展，中國是唯一有資源、也有意向幫助我們的國家。」

拉尼爾‧維克勒馬辛哈與中國的友誼

拉尼爾‧維克勒馬辛哈（Ranil Wickremasinghe）出身名門望族。其外祖父理查德‧維傑瓦德納（D. R. Wijewardena）是錫蘭獨立運動的領導人之一，創辦錫蘭聯合報業公司，對當地政治產生過巨大影響。他曾同 E‧W‧佩雷拉（E. W. Perera）一道，在英國追尋到錫蘭末代國王的旗幟。這面旗幟極大地鼓舞了錫蘭人爭取民族獨立的勇氣，以至後來成為獨立後的錫蘭國旗。拉尼爾的姨父賈亞瓦德納（J. R. Jayewardene）曾出任統一國民黨的領袖和斯里蘭卡總統。拉尼爾的父親埃斯蒙德‧維克勒馬辛

一九九八年四月十三日，中國全國政協主席李瑞環在北京中南海會見斯里蘭卡統一國民黨領袖、議會反對黨領袖、前總理拉尼爾‧維克勒馬辛哈。（供圖：中新社）

哈（Esmond Wickremesinghe）長期掌管錫蘭聯合報業公司，並擔任賈亞瓦德納的顧問。

　　拉尼爾生於一九四九年三月二十四日，早年就讀於科倫坡皇家學院，畢業於錫蘭大學（今科倫坡大學）法律系。從政前，拉尼爾是職業律師。他一九七三年當選統一國民黨執行委員會委員，一九七七年當選國會議員，任外交部副部長，當時他才二十八歲，被評論家們稱為「最有希望的新星」。一九七八年九月至一九八九年，拉尼爾先後擔任青年事務和就業部長、教育部長、工業和科技部長；一九八九年二月起，任執政黨議員議會黨團領袖；一九九三年五月至一九九四年八月任總理兼工業、科學技術部長；一九九四年十一月起任統一國民黨領袖、議會反對黨領袖；二〇〇一年十二月至二〇〇四年四月再次任總理。二〇一五年一月八日，西里塞納在總統大選中獲勝後，任命拉尼爾為總理。二〇一五年，統一國民黨贏得議會大選，拉尼爾連任總理。

斯里蘭卡政壇新變化

二〇〇一年十二月八日，斯里蘭卡舉行議會大選，統一國民黨領導的主要反對派聯盟贏得一百零九個席位，時任總統庫馬拉通加夫人領導的人民聯盟取得七十七席。拉尼爾‧維克勒馬辛哈受命組閣，出任總理。這次選舉的結果，導致斯里蘭卡政壇出現前所未有的新變化：政府總理來自擁有占議會多數的統一國民黨執政聯盟，而總統卻來自自由黨領導的人民聯盟。總統由民選產生，按照憲法規定，是國家元首、政府首腦和武裝部隊總司令，擁有實權。總理和總統分別來自對立的政黨，給斯里蘭卡政治帶來複雜的因素。我作為中國駐斯大使，面對斯里蘭卡新的政治局面，必須更加細緻、更加謹慎。

十二月三十一日，我拜會了維克勒馬辛哈總理，轉達了江澤民主席和朱鎔基總理對他的祝賀，表示中共願在黨際關係四原則，即獨立自主、完全平等、互相尊重、互不干涉內部事務原則的基礎上，發展同統一國民黨的關係。我奉命告訴維克勒馬辛哈總理，為增加相互來往和了解，中共代表團擬於一月下旬至二月上旬訪斯，同時也希望統一國民黨派團訪華。我回顧了兩國關係在斯兩大政黨執政時期的良好發展，表示中方將一如既往致力於發展中斯關係；感謝斯方在台灣、西藏、人權等問題上對中國的一貫支持，希望今後繼續得到這樣的支

持；在斯民族問題上，中國將繼續支持斯的獨立主權和領土完整，支持斯政府為政治解決民族問題所作的努力；中方願同斯方發展經貿合作。

維克勒馬辛哈感謝江澤民主席和朱鎔基總理對他的祝賀，請我轉達他對中國領導人的問候。他表示，將繼續加強斯中友好合作關係，近期將派一資深部長作為特使訪華；斯在台灣、西藏、人權等問題上將繼續支持中國，願加強同中國的經濟貿易關係，擴大兩國貿易和投資。維克勒馬辛哈還介紹了他執政後的工作設想：目前正在制定明年經濟發展計劃，力爭實現百分之七的經濟增長。在民族問題上，政府與「老虎」已實施停火；政府已解除對北方的經濟封鎖，並已邀請挪威繼續推動與「老虎」的談判。

總理特使賈亞蘇里亞訪華

二〇〇二年一月和二月，斯總理外事顧問馬漢德倫和外交部秘書羅德里格分別約見了我，稱維克勒馬辛哈總理重視對華關係，將派統一國民黨副領袖、內閣部長卡魯・賈亞蘇里亞作為他的特使出訪中國，轉交維克勒馬辛哈總理致江澤民主席、朱鎔基總理的親筆信，並同中方就深化兩國關係，特別是兩國互利經濟合作深入交換意見。羅德里格強調，特使此訪像總理訪問印度一樣，主要是向中國領導人通報斯里蘭卡的和平進程，同時與中國經貿

和能源部門探討合作的可能性。

後來，維克勒馬辛哈總理訪問印度和美國之前，曾於二〇〇二年六月四日和七月十八日單獨會見了我，表示他將在二〇〇三年適當時候訪華，近期將派遣黨內第二號人物、內閣部長卡魯‧賈亞蘇里亞作為特使訪華，就加強斯中經濟合作交換意見，並向中國領導人通報斯正在啟動的和平進程。

七月二十五日，賈亞蘇里亞特使應中國政府邀請，開始對中國進行為期十天的訪問。在北京，賈亞蘇里亞特使先後會見了中國外交部長唐家璇、商務部長石廣生，就加強中斯政治和經濟領域的合作交換了意見，並達成多項共識。

唐家璇說：中斯兩國人民的傳統友誼源遠流長。建交四十五年來，雙方始終平等相待、相互尊重、彼此理解。中斯友好合作關係可以稱為中國與發展中國家關係的良好範例。

賈亞蘇里亞說：斯里蘭卡人民始終對中國人民

二〇〇二年七月二十九日，中國國務院總理朱鎔基在北京會見斯里蘭卡總理特使卡魯‧賈亞蘇里亞。（供圖：中新社）

抱有友好感情，斯政府十分感謝中國政府和人民對斯人民表現出的善意和友好。中國政府同斯兩個主要政黨都保持著密切聯繫，說明雙方關係是成熟和穩定的。賈亞蘇里亞還通報了斯和平進程進展情況。他表示，斯里蘭卡如能儘快恢復和平，將掀開斯歷史上新的一頁，迎來更加美好的未來。

唐家璇說：中方堅決支持斯政府為推進民族和解、維護國家統一和穩定所作的不懈努力，相信斯政府和人民完全有能力處理好自己的問題。中方希望看到斯里蘭卡和平進程能夠繼續下去，國家保持穩定和發展，人民安居樂業。這不僅符合斯人民的根本利益和普遍願望，也有利於本地區的和平與穩定。

二十九日下午，朱鎔基總理在中南海紫光閣會見斯里蘭卡總理特使卡魯‧賈亞蘇里亞。朱鎔基說：中斯友誼源遠流長。兩國建交以來，中斯友好關係在和平共處五項原則基礎上一直得到順利發展，兩國在各個領域的合作也不斷得到加強，中方對此感到滿意。中國願在力所能及的情況下繼續向斯提供幫助。

賈亞蘇里亞說：斯中兩國人民的友好交往可以追溯到二千多年前。斯政府和人民十分感謝中國政府和人民長期以來對斯的幫助。他表示，斯新政府成立以來一直致力於國內和平進程，努力使斯里蘭卡儘早恢復和平、重振經濟。朱總理表示，作為斯里蘭卡的朋友，中方衷心希望斯能實現國內和平、

民族和睦、經濟繁榮昌盛。

八月四日，賈亞蘇里亞特使及其一行結束對中國的訪問回到斯里蘭卡。他在會見我時盛讚中國的變化，衷心感謝中國的援助。特使說，此次中國之行，他同中方就進一步發展兩國關係交換意見並取得共識；他向中方通報了斯和平進程及其進展，得到中方的理解和支持；中方高度重視斯總理的訪華願望，歡迎他在雙方方便的時候訪華；斯里蘭卡議會已成立斯中議會友好小組，希望中國全國人大也成立類似的組織。他還就增加留華學生名額、中國佛指舍利赴斯供奉、將斯里蘭卡作為中國旅遊目的地國、斯中建立直接航線等一系列問題同中方交換了意見，並得到積極回應。雙方還簽署了關於中國向斯提供二千萬元無償援助和三千萬元無息貸款的協定。特使表示，他對此行非常滿意，將同我繼續討論如何落實訪問成果的問題。

二〇〇三年維克勒馬辛哈總理對華進行工作訪問

在二〇一五年再次出任總理之前，拉尼爾·維克勒馬辛哈曾六次訪華。第一次是在一九七九年八月，此後先後於一九九九年四月、二〇〇七年五月、二〇一二年六月和二〇一三年九月以統一國民黨領袖或反對黨領袖身分來訪。

二〇〇三年八月九日至十三日，維克勒馬辛哈

總理應中國總理溫家寶邀請，來華進行工作訪問。

八月九日，維克勒馬辛哈一行十七人乘專機從新加坡抵達廈門。在廈門市市長舉行的宴會上，維克勒馬辛哈說，他於一九七九年第一次來到中國。二十多年來，他親眼目睹了中國經濟飛速發展，人民生活水平迅速提高。斯里蘭卡對中國的開放政策進行了研究，中國允許各個省、各個地區根據自己的實際情況發展經濟，有很多東西值得學習，斯中兩國之間彼此有很多經驗可以相互借鑑。斯里蘭卡正採取措施進一步發展兩國之間的傳統友誼。十日，維克勒馬辛哈遊覽廈門著名風景區鼓浪嶼和環島路等景點，然後搭乘專機飛抵北京。

十一日，中國國務院總理溫家寶與斯里蘭卡總理維克勒馬辛哈舉行了會談。溫家寶指出，中斯兩國有著悠久的友好交往史。早在二千年前，海上絲綢之路和佛教交往就將兩國人民聯繫在一起。建交四十六年來，中斯關係發展平穩，兩國政治互信不斷加深，在各領域的交流與合作日益擴大，在國際事務中的相互配合明顯增強。中斯關係經受了時間的考驗，彼此已成為可以信賴和合作的夥伴。會談中，溫家寶提出關於鞏固和發展傳統友誼、加強經貿關係和在國際事務中的協調與配合等三點建議。

維克勒馬辛哈贊同溫家寶提出的三點建議。他表示，斯方感謝中方在不同歷史時期向斯里蘭卡提供的支持和幫助。他說，中國一直支持斯里蘭卡維護主權和領土完整，幫助斯里蘭卡進行經濟重建，

中國是斯里蘭卡可信賴的朋友。斯方希望繼續加強和發展與中國多層次、多領域的友好合作關係。他表示，斯里蘭卡國內和平進程取得重要進展，這為中國企業與斯方的經貿合作創造了條件，提供了商機。斯方希望與中方研究制定新的雙邊經貿協定，加強雙方在相互投資、人力開發、旅遊和民航等領域的合作。同時，也希望推動雙方在文化、宗教等領域的交流。雙方還就國際形勢和共同關心的地區熱點問題交換了意見。

會談後，雙方簽署了兩國政府經濟技術合作協定、關於對所得避免雙重徵稅和防止偷漏稅的協定、關於中國向斯里蘭卡提供優惠貸款的框架協議，兩國外交部關於雙邊磋商的議定書及上海市和科倫坡市建立友好城市關係諒解備忘錄。

八月十二日下午，中國國家主席胡錦濤在人民大會堂會見了斯里蘭卡總理維克勒馬辛哈。胡錦濤對中斯關係的不斷發展表示滿意。在談到斯里蘭卡國內和南亞地區形勢時，胡錦濤說：去年以來，斯里蘭卡和平進程不斷取得進展，我們對此表示歡迎。中國讚賞和支持斯里蘭卡政府為推動斯里蘭卡和平進程所作的努力，希望斯里蘭卡和平進程繼續進行下去。胡錦濤還表示，中國希望南亞地區保持和平與穩定，支持一切有助於緩解緊張、維護和平的努力，真誠希望南亞各國和睦相處，平等相待，共同發展。作為南亞的近鄰，中國願同包括斯方在內的南亞各國一道，為促進南亞地區的和平、穩定

與發展繼續作出努力。

　　維克勒馬辛哈說：與中國發展友好合作關係是斯里蘭卡歷屆政府的政策。新中國成立伊始，斯里蘭卡就認為中華人民共和國政府是代表全中國的唯一合法政府，這一立場不會改變。他表示，這次訪問期間，雙方找到了加強兩國關係的新辦法、新途徑。斯里蘭卡正在深化經濟改革，與中國發展全面合作對斯里蘭卡經濟和社會發展非常重要。我們希望不斷深化雙方在經貿等領域的全面友好合作。

　　維克勒馬辛哈向胡錦濤介紹了斯里蘭卡國內和平進程。他說，中國多年來支持斯里蘭卡維護國家主權和領土完整，向斯里蘭卡提供了寶貴的政治支持和經濟援助，幫助斯里蘭卡度過了最困難的時期，斯里蘭卡人民對此永遠不會忘記。

　　維克勒馬辛哈表示，斯方期待與中方在國際和地區事務中加強磋商和合作。

關鍵時刻再訪華

　　二〇一六年四月六日至九日，斯里蘭卡總理維克勒馬辛哈對中國進行正式訪問，受到中方的熱烈歡迎。李克強總理主持歡迎儀式並與維克勒馬辛哈總理進行了會談。中國國家主席習近平、全國人大常委會委員長張德江分別會見了維克勒馬辛哈一行。中斯兩國領導人就雙邊關係以及共同關心的問題深入交換意見。

在雙方的共同努力下，這次訪問取得了內容廣泛和積極的成果。雙方簽署了中斯經濟技術合作、司法、交通、金融、醫療衛生等領域多份雙邊合作文件。

維克勒馬辛哈表示，發展真誠互助、世代友好的戰略合作夥伴關係符合兩國根本利益。斯各政黨一致支持發展對華關係。斯方願同中方對接發展戰略。斯方讚賞中國在促進全球經濟穩定和增長方面的積極作用。中方為斯里蘭卡的戰後重建與發展提供了大量貸款及投資，為斯戰後重建取得迅速進展起到了至關重要的作用。感謝中國長期以來給予斯里蘭卡的幫助和支持。實施改革開放政策並不斷發展的中國更是斯里蘭卡學習的榜樣。

二〇一六年四月八日，中國國家主席習近平在北京人民大會堂會見斯里蘭卡總理維克勒馬辛哈。（供圖：中新社）

關於港口城和其他發展計劃，維克勒馬辛哈表示，新一屆政府成立後對港口城項目進行了一系列重審，目前該項目獲批恢復建設。斯政府重視港口城未來發展地位和潛力，計劃將其打造為西方省大都會，使之成為擁有獨立的金融、司法體系的商業和金融特區，為全球提供國際性商業、金融交易平台和服務，以填補新加坡和迪拜之間南亞金融中心的空缺。目前，斯中兩國政府正在就斯發展規劃進行磋商，雙方合作重新步入快車道。

斯里蘭卡政府積極響應中國領導人提出的「一帶一路」倡議。維克勒馬辛哈表示，自古以來，斯里蘭卡就是海上絲綢之路上的重要一環，在今天全新的「二十一世紀海上絲綢之路」計劃下，斯里蘭卡希望能夠再次成為海上絲綢之路印度洋海域的核心樞紐。希望進一步加強兩國在港口、機場等基礎設施建設和貿易投資、交通、科技等領域合作，促進文化交流與人員往來，造福兩國人民。

關於中斯自由貿易區談判，雙方同意年內儘早舉行中斯經貿聯委會第七次會議，推進中斯自貿協定談判，力爭年內簽署協議。近年來，基於中斯兩國各領域互利合作不斷拓展，雖然二〇一五年國際貿易增速下滑，但中斯雙邊貿易仍逆勢而上，貿易額達四五點六四億美元，同比增長百分之十二點九。中方結合斯方打造經濟發展區的設想，積極開展產能合作，發揮中國在裝備製造等方面的優勢，加快斯方基礎設施建設和工業化進程。中國政府鼓

勵有實力的中國企業赴斯投資，參與臨港工業園區、經濟特區、加工製造業等合作，希望得到斯方政策支持，進一步加強金融、科技、人文等領域交流與合作。

中斯聯合聲明還強調了維護南海和平與穩定的重要性。斯方呼籲由相關方通過建設性對話、磋商與合作，並根據國際法和慣例解決爭議和分歧。斯里蘭卡讚賞中方為推動對話、磋商與合作所作的努力。維克勒馬辛哈表示，斯方願加強同中方在南盟等框架內的合作。

四月九日，維克勒馬辛哈總理舉行記者會。有印度記者提問：「此前，印度對中國投資港口城表示了國家安全憂慮。如今復工，考慮過印度的感受嗎？」「斯里蘭卡現在明確表態支持並參與中國『一帶一路』建設，印度已經表示出於安全考慮不支持，怎麼辦？」

維克勒馬辛哈總理對於印度的「安全疑慮」並不買賬，他表示：「港口城項目沒有國家安全方面的顧慮。」他說這個問題已和印度談過，以後還會繼續談。

對於中印兩國的平衡之道，他胸有成竹：「中國的『一帶一路』和莫迪總理提出的『印度製造』，我們兩個都可以滿足。」他也鼓勵印度企業加入港口城項目，合夥做生意。他表示該項目百分之四十的股權將上市發行，歡迎印度企業和個人購買。他還補充一句「新加坡也表現出了購買（股權）的興

趣」，暗示印度不要錯過機會。

　　提到印度洋的地緣政治，軍事幾乎是一個避不開的話題。維克勒馬辛哈總理細數了印度洋上的海軍力量：美國、印度、孟加拉國、伊朗、澳大利亞，等等。針對外媒記者質疑中國投資斯里蘭卡是否有軍事訴求，維克勒馬辛哈總理堅定地說：「中國沒有要求在斯里蘭卡設立軍事基地。將來，我們將在日常訓練中加強軍事合作。」他說：「中國向斯提供了一艘海洋巡邏艦，印度給了兩艘」，「中國在印度洋的存在不會威脅他國。」

走訪賈夫納

初訪賈夫納

　　二○○一年十二月，拉尼爾‧維克勒馬辛哈就任總理後，謀求政治解決民族問題。二○○二年二月二十二日，經挪威駐斯大使威斯特伯格（Westborg）居中調停，斯政府和泰米爾猛虎組織達成停火協議，並組成有美國、日本等國參加的國際監督小組，負責監督雙方的停火。

　　同年三月下旬的一天，斯外長費爾南多給我打來電話，說和平進程開局良好，外交部根據總理的指示，擬組織各國駐斯里蘭卡大使於本月二十八日前往賈夫納地區考察，請江大使一定參加。考慮到和平進程是斯政府當前施政重點，我接受了外長的邀請，同意參加斯外交部組織的賈夫納之行。

　　說起賈夫納，還有一個佛教歷史故事。斯里蘭卡的史記——《馬哈旺薩》載稱，釋迦牟尼成佛後曾三次巡遊斯里蘭卡，其中第二次就來到賈夫納半島的一個小島—納伽迪帕（Naga Dipa），調解當地兩位王子為爭奪寶石御椅而發動的戰爭。我心想，當年，王子兄弟間的戰事由於佛祖的勸化而消弭，今天，僧伽羅和泰米爾兩個兄弟民族之間的戰爭是否也能通過談判加以解決？

賈夫納距離科倫坡三九八公里，是泰米爾人聚居的地區。它的歷史可追溯到西元前二世紀。西元十三世紀，印度羯陵伽王國入侵，在這裡建立了賈夫納王國（1215-1619）。一四五〇年，僧伽羅王國國王巴拉克拉馬巴忽六世平定賈夫納王國，實現了國家統一。巴拉克拉馬巴忽六世死後，全國大亂，賈夫納王國東山再起。緊接著，葡萄牙入侵，廢黜敢於抵抗的賈夫納國王桑格里‧庫馬蘭（Shngili Kumalam），並將其押送到南印度的泰米爾納德邦予以處決。賈夫納王國宣告滅亡。十七世紀中葉，荷蘭取代葡萄牙；一七九五年，英國取代荷蘭，相繼占領賈夫納。

　　上世紀六〇年代初，我在科倫坡留學期間，有一次隨中國駐斯使館文化處官員到賈夫納參加斯中友協賈夫納分會的活動。賈夫納給我留下了美好的印象。

　　賈夫納曾經是斯里蘭卡農業高度發達的地區之一。這裡多旱少雨，沒有河流也沒有湖泊，泰米爾人利用地下水進行灌溉。聳立在田野、排列整齊的水井吊桿一度是賈夫納地區最具特色的景觀。這裡的主要作物是水稻、洋蔥、馬鈴薯、煙葉等。芒果很有名，纖維少，香甜可口，很受歡迎。海產也很豐富，特別是對蝦，是市場上的搶手貨。

　　賈夫納的自然風光、宗教文化和日常生活習俗別具一格。它是斯里蘭卡的印度教中心，神廟頗多。其中康德薩米神廟（Kandaswamy Kovil）最有

名，來此朝拜的信徒絡繹不絕。

到八〇年代，賈夫納成了斯里蘭卡內戰的主要戰場之一。通過斯里蘭卡和世界各國的傳媒，可以發現昔日的繁榮景像已蕩然無存。泰米爾猛虎組織與政府軍在這裡你爭我奪，進行了長期慘烈的戰爭。從第一次去賈夫納到現在，已經三十多年了，我真想親眼看看這裡到底發生了什麼。

二〇〇二年三月二十八日，在斯外長費爾南多、助理外長蓋馬格、北方重建和安置部長賈亞瓦德納、外秘羅德里格的陪同下，駐斯外交使節們來到拉特馬拉納軍用機場，登上一架軍用飛機。機艙兩側安裝了兩排長條座位，就像地鐵車廂裡的座位一樣，大家相互肩靠肩、臂靠臂地坐著，隨著飛機的節奏不斷搖晃。坐上它，就有了戰士上戰場的感覺。除中國大使外，飛機上還有印度、英國、法國、德國、荷蘭、埃及、利比亞、阿聯酋、伊朗、韓國、巴基斯坦、孟加拉國、馬爾代夫、澳大利亞、印尼、馬來西亞等三十八個使團團長。大約三十分鐘後，飛機在賈夫納半島的帕拉利機場降落，這是斯政府在賈夫納地區的軍用機場，是政府軍維持軍需的重要通道。從這裡出發，外交使節先後參觀了岡格桑杜列港和賈夫納市區。所到之處，滿目瘡痍，到處是殘垣斷壁。道路橋樑、公共設施，包括賈夫納市政廳悉數被毀，一排排椰樹被炮火攔腰斬斷。無家可歸者和傷殘百姓成群結隊，蹲守在道路兩旁，他們的呻吟和哀求讓人撕心裂肺。

賈夫納圖書館曾經是南亞藏書最多的圖書館之一，被視為賈夫納文化的象徵。不幸的是，它在戰火中被付之一炬。許多珍藏圖書，特別是那些無價之寶──貝葉經典被毀，斯里蘭卡文化遺產遭受了一場浩劫。

　　北方重建和安置部長賈亞瓦德納對我說，賈夫納公共圖書館是賈夫納市標誌性建築，一九三三年落成，一九八一年毀於戰火，二〇〇一年斯政府重建。他希望中國向賈夫納圖書館捐贈圖書。我對賈夫納圖書館珍藏書籍被毀表示痛心，當即表示響應賈亞瓦德納部長的呼籲，向賈夫納圖書館贈送圖

賈夫納圖書館

書。回到科倫坡後，我立即與幾個參贊商量，一致
同意向賈夫納圖書館贈送價值十萬元的中國圖書。
二〇〇三年，賈夫納圖書館重新開放時，孫國祥大
使出席了有關儀式。

隨行記者關心中國對斯政府和平進程的態度。
我對他們表示，很高興看到斯政府同猛虎組織達成
停火協議，希望和平進程能繼續下去，使斯里蘭卡
人民安居樂業，國家穩定發展。

再訪賈夫納

二〇〇二年九月四日，斯里蘭卡政府解除對猛
虎組織的禁令，使其成為合法組織。九月十六日至
十八日，斯政府和猛虎組織在泰國東南部春武裡府
的梭桃邑海軍基地舉行了首次和談。

斯里蘭卡北方重建和安置部長賈亞瓦德納多次
表示，鑑於和平進程取得進展，他邀請我再訪北
方。我表示同意。

九月十八日，我和夫人文麗、秘書徐炎及寰球
工程公司駐斯代表等由斯政府北方重建和安置部輔
助秘書庫馬爾達斯（Kumaradas）陪同，出發去北
方訪問。當晚抵達古城阿努拉特普拉。第二天，到
達由猛虎組織和政府軍分割占領的瓦武尼亞，政府
代理人嘎內先（Ganeishan）迎接，並向我們介紹了
當地安全形勢，然後親自陪同我們到猛虎組織控制
區的前沿哨卡。這時，一輛吉普車開來，車上走下

幾名荷槍實彈的軍人。看得出來，他們事先已得到有關通報，見到我們都面帶善意。嘎內先同他們稍作交談，然後轉身告訴我說，所有活動已安排妥當。緊接著，軍人上車，引領我們來到基里諾奇。

基里諾奇是猛虎組織的政治中心，有人稱之為猛虎組織的臨時首都。即便如此，在這裡仍保留一個政府代理人辦事處。我首先會見的是政府代理人拉塞納亞甘（Rasanayagam）。簡短談話後，即前往猛虎組織政治總部會見其第二號人物、政治領導人泰米爾塞萬（S. P. Tamilselvan）。

因為和平進程已經起步，我在這裡感受到一種平和的氣氛。簡短寒暄後，我對泰米爾塞萬說：我們中國對泰米爾族人民懷有友好感情。斯中友好協會賈夫納分會以前曾經常開展民間活動，促進中斯友好。上世紀六○年代我在科倫坡留學時，曾跟中國駐斯使館文化官員來賈夫納參加他們組織的活動。這些年賈夫納分會的活動停止了。現在，你們和政府達成停火協議，我們感到高興，希望和平進程能堅持下去，以使人民安居樂業，國家穩定發展。

泰米爾塞爾萬的態度也很友好。他說：我很高興地得知，中國政府對我們的和平進程表示歡迎和支持（他們已從新聞報導中得知唐家璇部長和朱鎔基總理對斯和平進程的表態）。他高度讚賞中國的快速發展，希望中國向斯北方提供援助。我表示：我們非常同情北方人民的疾苦。我這次來北方，還

請來我們一家公司的代表，希望他們看看將來能做些什麼。如果和平得以恢復，有了穩定的環境，我們願意向北方受苦受難的民眾提供力所能及的幫助。

陪同泰米爾塞萬參加會見的還有約翰和多爾卡卞（Tholkapian）兩位，他們的身分沒有透露。會見後，泰米爾塞萬設午宴招待了我們。

據了解，泰米爾塞萬生於一九六七年，一九八四年加入猛虎組織。在與印度維持和平部隊作戰時，他曾擔任猛虎組織賈夫納戰區司令。二〇〇一年，他在與政府軍作戰時受傷，左腿落下殘疾，以致後來行走須用枴杖。和平進程啟動後，他逐漸走進公眾視野，代表猛虎組織同政府談判。後來，二〇〇七年，在政府軍的一次空襲行動中，他和其他五名猛虎組織高級成員被炸身亡。

當天下午，我們離開基里諾奇向賈夫納進發。大象大道是連接內地與賈夫納半島的咽喉，也是政府軍同猛虎組織激烈爭奪的戰略要地。那裡有一個關卡，猛虎組織軍隊和政府軍在關卡兩邊駐守。我們在關卡下車，先向猛虎組織士兵招手致謝，然後走出關卡，受到政府軍士兵的歡迎。賈夫納政府副代理人威迪林甘（T. Vaithilingam）前來迎接。第二天，由秘書處官員陪同參觀賈夫納圖書館、幾處居民區廢墟、市政廳廢墟、納魯爾·康德薩米神廟（The Nallur Kanthasamy Kovil），並赴佩德魯角（The Point Pedro Jetty）遊覽，下午參觀了德國援建的簡

易房項目。

泰米爾聯合解放陣線（TULF）領袖阿南達桑格利（V. Anandasangari）得知我來到賈夫納，親自前來旅館看望。老朋友相見，甚是高興。我們兩人都對和平進程寄予期待，希望斯里蘭卡早日實現和平。

泰米爾聯合解放陣線的前身是泰米爾聯合陣線，成立於一九七二年，由聯邦黨、泰米爾大會和錫蘭工人大會聯合而成。他們的主要訴求是：在憲法中泰米爾語和僧伽羅語地位平等；所有講泰米爾語的人民均應獲得斯里蘭卡國籍；宗教平等；國家應保障人民的基本權利；廢除種姓制度；下放權力。當時的政府對泰米爾聯合陣線的要求未作答覆。同年，斯里蘭卡共和國憲法頒布後，泰米爾聯合陣線在北方和東方兩省組織了大規模的抗議活動。一九七三年，泰聯陣打出獨立的旗號（錫蘭工人大會退出該組織）。一九七六年泰聯陣改名為泰米爾聯合解放陣線，並在一九七七年大選中以建立獨立國家為綱領參加競選，在北方和東方兩省獲得十七個席位，成為最大的反對黨。

泰米爾聯合解放陣線提出獨立建國的目標後，很快發生分化。主張非暴力的黨內元老遭排斥，其領袖阿米達林加姆甚至被主張武裝鬥爭的青年激進分子暗殺。

斯里蘭卡官方報紙和猛虎組織機關報對我們在北方的考察活動都作了正面和客觀的報導。此後，

斯能源部長賈亞蘇里亞電話告知，他將積極推動斯
方同中國寰球工程公司合作開展低成本住宅工程建
設。

西里塞納總統強調將採取更有力的措施發展斯中關係

老朋友

　　邁特里帕拉·西里塞納一九五一年九月三日出生於一個普通農民家庭，父親是二戰老兵，母親是一位小學教員。

　　西里塞納早年就讀於波隆納魯瓦皇家學院，在那裡他受到政治啟蒙，對馬列主義和毛澤東思想發生興趣，並加入了錫蘭共產黨。後來，他認同民族主義在斯獨立運動中的作用，加入了所羅門·班達拉奈克領導的自由黨。一九六八年，他被任命為自由黨波隆納魯瓦地區青年組織秘書。一九七一年，因涉嫌參與人民解放陣線的反政府叛亂，西里塞納被監禁十五個月。出獄後，他就讀於斯里蘭卡農學院，一九七三年獲農學文憑。此後，西里塞納更加積極地參加政治活動。一九七九年，他成為自由黨青年團的地區書記。次年留學蘇聯，在高爾基文學院獲得了政治學文憑。一九八一年出任自由黨中央委員。一九八九年，首次當選國會議員。一九九四年到二〇〇一年期間，他在自由黨主導的政府中任部長。二〇〇一年出任自由黨總書記，直到二〇一四年底，成為自由黨歷史上任職時間最長的總書

記。拉賈帕克薩執政期間，西里塞納先後擔任農業部長、衛生部長等要職。

西里塞納受過嚴格正統的家庭教育，不抽菸，不喝酒。他說僧伽羅語，穿民族服裝，常在公共場合堅稱自己是農民。在就任總統的宣言中，他主張建立一個沒有香菸、毒品和酒精的道德高尚的社會。

西里塞納用四十年的努力使自己成為一個成功的政治家。他不僅獲得普通民眾和知識界的好感，也得到斯里蘭卡兩位政治強人——統一國民黨領袖拉尼爾·維克勒馬辛哈和前總統錢德里卡·庫馬拉通加的支持。也許是這個原因，使這位「草根」出身的政治家在二〇一五年一月八日舉行的總統選舉中擊敗了躊躇滿志的拉賈帕克薩，登上斯里蘭卡總統大位。

邁特里帕拉·西里塞納

西里塞納是中國人民的老朋友。他讀過毛主席著作，欽佩毛澤東和他的業績。就在最近（2016年5月1日）的自由黨五一集會上，他還把毛澤東與馬克思、列寧相提並論，讚揚他們「在構建文明政治運動方面為人類社會樹立了榜樣」。

　　西里塞納首次出訪中國是一九八三年。此後，他作為自由黨總書記和內閣部長，又訪問中國十多次，並接待過多個中共代表團。他對中國，對中國共產黨，對中國改革開放事業有比較清晰的了解。

老朋友遇到新問題

　　近半個世紀以來，斯里蘭卡有兩個問題比較突出：一個是和平問題，一個是發展問題。和平問題是指斯里蘭卡獨立、主權和領土完整不同程度地受到威脅，長年戰爭破壞國家的穩定。發展問題是指斯里蘭卡經濟發展不快，也不平衡，人民生活受到影響，甚至困擾。

　　前總統拉賈帕克薩強力反恐，結束了內戰，恢復了和平，繼而大力吸引外資，發展經濟，取得了令世人矚目的成績。但他沒有處理好同少數民族的關係。外部勢力藉機對斯施壓，進而在聯合國利用人權問題發難，斯窮於應付，苦不堪言。一些大國對拉賈帕克薩執政期間興建的重要項目疑神疑鬼，說三道四。

　　面對微妙的國內國際形勢，西里塞納挺身而

出，謀求改變現狀。

西里塞納執政後，對內外政策進行了調整：對內實行「良政」，對外推行「平衡外交」。他改善同西方國家和印度的關係，緩解斯里蘭卡的外部壓力；實行「以亞洲為中心的中間道路」，對亞洲重點國家印度、中國、巴基斯坦、日本一視同仁。

按照媒體的解讀，所謂「平衡外交」，就是要抑制中國的影響。所以，他提出「平衡外交」之後，繼而又於二〇一五年三月五日叫停了中國投資的在建項目——港口城。

斯政府叫停港口城項目的消息一出，各國興論議論紛紛。斯里蘭卡媒體反應不一，有的說好，有的說不好。比較中立的評論擔心，港口城項目被暫時停工，以及西里塞納任後首訪選擇印度，很容易被西方媒體用來證明「斯中關係變冷」，西里塞納將會給斯中關係「開倒車」。

果不其然，西方和印度媒體對此興高采烈。他們認為，拉賈帕克薩出局，西里塞納當選，意味著「斯里蘭卡的中國政策走到了一個轉折點」，「斯里蘭卡選舉結果摧毀了中國外交的關鍵」；換了總統，斯里蘭卡就會「減輕對中國的依賴」，「淡化與中國的關係」。

中國老百姓一直把斯里蘭卡視為朋友。斯新政府提出這一舉措，著實讓他們大惑不解，特別是網民，他們抱怨斯里蘭卡新政府此舉「不夠朋友」。

中國政府面對中斯關係出現的這一插曲，處之

泰然，因為我們問心無愧。長期以來，中國始終奉行對斯友好政策，堅定支持斯里蘭卡維護國家獨立、主權和領土完整，堅定支持斯里蘭卡發展國民經濟的努力。

中國從不干涉斯里蘭卡內政，中斯合作沒有排他性，不針對第三方。相反，中國願意同印度探討中印斯三方合作的可能性。

中國不願意看到的事情發生了。為了妥善解決面臨的問題，中國做了耐心的工作。中國駐斯里蘭卡大使及時同斯領導人進行溝通，中國還兩次派特使赴斯說明中國的立場，得到斯方的理解。

後來，西里塞納在一個記者會上強調，全方位外交不等於「擺脫中國」，「中國是多年來的友好國家，是我國經濟發展上的重要夥伴。雖然叫停了科倫坡港口城開發項目，但我並不想弱化對華關係」。

二〇一五年三月，西里塞納決定訪華並出席博鰲亞洲論壇。出發前，斯內閣意外允許港口城項目進行防波堤建設，並在一份聲明中稱，中國是斯里蘭卡「關鍵的發展夥伴」。這些舉動被分析人士解讀為斯政府在為總統訪華營造良好氣氛。

三月二十六日，西里塞納總統在北京與習近平主席會談時說，目前科倫坡港口城出現的情況是暫時的、短期的，問題不在中方。他的這一談話實際上為後來解除港口城的禁令，恢復港口城項目施工鋪平了道路。

　　十月八日，西里塞納總統會見中國政府特使、外交部副部長劉振民時表示：我和斯新政府將繼續堅定奉行對華友好政策，願同中方一道努力，進一步加強斯中友好關係，堅定推進包括科倫坡港口城在內的各類合作項目，以帶動兩國在基礎設施建設、投資和民生等各領域務實合作。

　　二〇一六年四月，斯里蘭卡總理維克勒馬辛哈結束對中國的正式訪問時，中斯雙方發表了聯合聲明。聲明中說，雙方同意加強在交通、電力等基礎設施和工業園區、加工製造業等領域合作。斯方宣布批准科倫坡港口城項目恢復施工，將為項目實施提供便利和支持，並願同中方企業繼續推進《中華

人民共和國商務部與斯里蘭卡民主社會主義共和國發展戰略與國際貿易部關於全面推進投資與經濟技術合作諒解備忘錄》中提及的大項目合作。

港口城恢復施工，再一次證明中斯關係是牢固的，無論形勢如何變化，雙方都珍惜中斯傳統友誼。

雄關漫道真如鐵，而今邁步從頭越

二〇一五年三月二十五日，斯里蘭卡總統西里塞納應中國國家主席習近平邀請，開始他上任後對中國的首次國事訪問。

二十六日，習近平主席在人民大會堂同西里塞納總統舉行會談。習近平歡迎西里塞納訪華並出席博鰲亞洲論壇年會。習近平強調，中斯是傳統友好近鄰。建交近六十年來，兩國關係始終保持健康穩定發展。中斯友好是兩國歷代領導人及各界人士精心培育的結果，是兩國人民共同擁有的寶貴財富，應該長期繼承好、維護好、發展好。中斯始終遵循平等互利原則開展合作，給兩國人民帶來切實利益。中國對斯合作是建立在互利共贏基礎之上的，不附加任何政治條件，主要目的是幫助斯里蘭卡提升發展後勁，造福斯里蘭卡廣大民眾。中方始終將斯里蘭卡置於周邊外交重要位置，願同斯方一道努力，深化各領域互利合作，推動兩國真誠互助、世代友好的戰略合作夥伴關係不斷邁上新台階。

習近平指出，中斯雙方應該堅持中斯友好合作不動搖，做可以相互信賴、相互依靠的朋友。中方尊重斯里蘭卡人民根據本國國情自主選擇的發展道路，支持斯方維護獨立主權、謀求穩定發展的一切努力。中斯雙方要在涉及領土、主權等核心利益問題上繼續相互理解、相互支持。中方願與斯方加強治國理政經驗交流，祝願斯里蘭卡在國家發展道路上取得新的更大成就。雙方要積極共建二十一世紀海上絲綢之路，充分利用絲路基金、亞洲基礎設施投資銀行等融資渠道，穩步推進大項目建設和產業合作，早日完成中斯自由貿易談判。中方願鼓勵中國企業在斯投資，幫助斯里蘭卡發展製造業，實現可持續發展，希望斯方保護好中國企業合法權益。中方願同斯方深化經貿、基礎設施建設等傳統領域合作，重點拓展衛生、農業、科技、旅遊、人力資源培訓等五大領域合作，願同斯方深化兩軍交流，加強在國際和地區事務中的協調配合，希望斯方支持中方致力於同南盟提升合作水平的努力。

西里塞納表示完全同意習近平對兩國關係闡述的看法和主張，高度評價中國對斯里蘭卡的一貫支持。他表示，斯中兩國有千年友誼，在過去幾十年的歲月中，兩國關係持續發展，友誼不斷加深。斯里蘭卡歷屆政府和領導人都堅持對華友好政策，致力於發展斯中各領域合作。中國為斯里蘭卡實現國家和平與發展提供了堅強寶貴的支持，為斯里蘭卡發展進步注入了強大力量。中國在聯合國人權理事

西里塞納總統在博鰲
亞洲論壇二〇一五年
年會上致辭。（供圖：
中新社）

會等國際機構中也給予斯里蘭卡以堅定支持，斯方
表示高度讚賞。

　　西里塞納表示，斯里蘭卡新政府將採取比過去
更有力的措施，繼續發展同中國的友好合作和斯中
人民友誼，希望同中方加強經貿、教育、科研、防
務領域合作。絲綢之路是斯中兩國共同的歷史遺
產，斯方希望在二十一世紀海上絲綢之路框架內加
強同中方合作。斯方對中國政府支持漢班托塔港等
斯大項目建設表示感謝，願與中方一道落實好兩國
業已達成的各項協議。目前科倫坡港口城出現的情
況是暫時的、短期的，問題不在中方。斯新政府將
努力確保把中國提供的支持用於斯里蘭卡經濟發展
和人民生活提高。斯方歡迎中國企業更多赴斯投
資，並將向投資者提供健康投資環境。

「雄關漫道真如鐵，而今邁步從頭越」。中方
願與斯方一道，以共同建設「二十一世紀海上絲綢
之路」為主線，以商簽自由貿易協定、基礎設施建
設、開展產業合作為三大支柱，致力於提高斯自主
發展能力；同時積極拓展衛生、農業、科技、旅
遊、人文五個領域的合作增長點，不斷改善斯民
生，造福於中斯兩國及兩國人民。

合作篇

從班達拉奈克國際會議大廈到斯里蘭卡——中國友誼中心
中斯友誼的豐碑
兄弟情深，守望相助
「我們是兄弟！」——記中國軍艦
搭救滯留也門的蘭卡僑民
為斯戰後重建出把力
啊，港口城！

從班達拉奈克國際會議大廈到斯里蘭卡──中國友誼中心

　　紀念班達拉奈克國際會議大廈（Bandaranaike Memorial International Convention Hall），簡稱班廈（SMICH），坐落在科倫坡七區寶塔洛卡大街，是斯里蘭卡的標誌性建築之一，被公認為中斯友誼的象徵，也是科倫坡的著名景點。

　　中國從一九五七年開始對斯里蘭卡提供經濟援助。此後，兩國合作建設了許多項目，紀念班達拉奈克國際會議大廈是其中之一。

「我要一座國際會議大廈」

　　一九六四年二月二十六日至二十九日，宋慶齡副主席和周恩來總理應錫蘭總理班達拉奈剋夫人的邀請，對錫蘭進行正式訪問。與班夫人會談時，周總理親切地問道：「夫人需要什麼幫助？」聽到這裡，班夫人喜出望外，立即表示：「錫蘭將作為東道主，舉辦一九七六年八月在科倫坡召開的第五屆不結盟國家首腦會議。貴國若能為錫蘭援建一座國際會議大廈，我們將不勝感激！」周總理欣然同意。

這一結果，寫進了周總理和班夫人簽署的《中國和錫蘭聯合公報》，雙方代表團還回顧了經濟援助的當前情況。雙方商定了中國對錫蘭的新的援助項目，包括幫助建築一座國際會議大廈和有關建築，以及供應紡織品和大米。錫蘭總理對中國總理提出的這種慷慨援助表示感謝。

班廈凝聚中斯兩國建設者們的勞動和智慧

周恩來總理曾親自過問班廈的設計。班廈最初的設計是四角形。斯方說，我們是佛教國家，喜歡八角形。學建築學的人都知道，建造八角形的建築，比建造四角形的建築要困難得多。但周總理要求尊重斯方的意見。

承擔班廈建築設計工作的是中國建築設計研究院。在設計院院長由寶賢的帶領下，總設計師戴念慈率領他的設計團隊，借鑑康提佛牙寺貝葉經房的造型，採用八角形平面，將斯里蘭卡的傳統建築形式和構圖與現代主義手法進行了巧妙結合，使得體量巨大的會議大廈並不顯得粗笨。四十根二十八米高的雪白的大理石柱子支撐著向上傾斜的八角形屋蓋，形成高敞的大平台外廊。在熱帶的強烈日光照射下，柱子與挑簷落下的光影形成很強的韻律感。柱端鑲著金色的花紋，更顯精緻秀麗。為了加強挑簷空靈的效果，柱子分為八組設於八角形的八邊，而將角上空開。同時，以角正對入口方向，減輕了

邊對入口可能產生的敦實感。每組的五根柱子又恰與班達拉奈克先生五根柱式的墓碑相似，象徵班先生所崇尚的五大力量：佛教僧侶、教員、傳統醫生、工人和農民，點中了大廈的紀念主題。

「我們那一代人都懷有強烈的國家責任感，盡心儘力去做好國家交給我們的任務。當年建設，我們投入了全部的心血，」由寶賢感嘆道，「班廈的建設見證了中斯友好，班廈是中斯友誼的象徵，我們再辛苦心裡也是甜的。」「在我一生所做的所有建築設計中，斯里蘭卡的紀念班達拉奈克國際會議大廈無疑是最亮眼的一個。」

班夫人十分專注地審閱中國建築設計研究院提出的設計方案和設計模型，表示非常滿意，並把它定為「實施方案」。她高興地說：「感謝周恩來總理贈送給我們的最高禮物，感謝中國專家作出的卓越貢獻。這座大廈就是錫中友誼的象徵！」

就在施工圖紙基本完成時，班達拉奈剋夫人在大選中失利，工程就此停滯。一九七〇年班夫人再次當選後，立即向中國政府提出開工建設這一工程。當時中國正值「文化大革命」時期，原先負責班廈設計任務的原建工部建築設計院人員均已下放，接到任務後重新抽調回京繼續設計。當時的外經貿部領導不贊成原方案，要求重做一個四平八穩的方方正正的會堂，但班達拉奈剋夫人仍堅持希望按照原方案建設，方案因此保留了下來，並按錫方要求為會議大廳增加了舞台，成為會議、演出兩用

的多功能會堂。

一九七○年九月，錫蘭政府貿易部長伊蘭加拉特尼率領的經濟代表團訪華。十二日，周總理會見代表團，首先表示非常高興班夫人重新執政。在談到班達拉奈克紀念大廈這個項目時，周總理說，這是一九六四年我訪問貴國時談成的，談妥馬上建設，後來班夫人下野，就停下來了。團長說，我們現正在進行必要的安排，準備施工。總理說，設計要適合你們國家的氣候條件、風格和風俗習慣，如果設計不合適，你們可以修改。團長說，整個設計都是雙方一起商定的，不用改。

同年十一月二十四日，錫方舉行了隆重的動工儀式，由總督檢閱陸軍儀仗隊，海軍站崗，空軍撒花，班夫人和中國駐錫大使馬子卿一起破土。這樣隆重的儀式在錫蘭是前所未有的。

一九七二年六月，斯里蘭卡共和國總理班達拉奈剋夫人再次訪華。六月二十九日，周總理同她舉

班廈動工儀式上，班夫人揮鋤破土。

行會談。班夫人特別提到班廈，她感謝中國對斯里蘭卡的援助。周總理說，援助算不了什麼，昨天毛主席也說了我們的援助有限得很，而且援助都是相互的。

班夫人誠邀周總理出席班廈揭幕儀式，周總理始終不鬆口

紀念班達拉奈克國際會議大廈定於一九七三年五月舉行落成典禮，班夫人一再邀請周總理出席。她說：總理去了以後只參加落成典禮剪綵活動就行了，我們一定不把總理搞得太累，我們要讓總理在斯里蘭卡度過一個美好的假期。周總理說，要我去訪問的問題，我拒絕也不太好，我記在心裡。班夫人說，你不能拒絕，沒有你就不能舉行落成典禮！周總理說，沒有班夫人才不能舉行典禮，不是沒有我就不行。班夫人說，沒有總理，至少不完美。周總理說，我不能肯定去，因為欠債太多了。如果去一個國家，其他的國家都要我去，就會像一九六四年那樣，一口氣訪問十四個國家。現在，我已經不是像十年以前那樣了。班夫人說，總理去我們那裡，可以用一個理由，就是去參加由你親自答應援建的會議大廈的落成典禮。周總理說，這樣的理尤其他國家多得很，如果我到了阿爾巴尼亞，不到羅馬尼亞、南斯拉夫，以及阿爾及利亞等北非國家去，也不行。班夫人說，我們都是亞洲國家。周總

理說，亞洲國家可多呢，巴基斯坦、尼泊爾、阿富汗，等等。班夫人說，他們那裡沒有班達拉奈克國際會議大廈。周總理說，反正我把你的邀請記在心裡就是了。

班夫人虔心相邀，周總理終不鬆口。那時，周總理已經被確診患有重病，但他又不好向班夫人說明。

為保證班廈工程質量，一九七三年初，中國國家建委派出檢查組赴斯里蘭卡對該項目的施工情況進行檢查，認為總的來說施工質量良好，但也發現了一些缺點和問題，如會議廳音響效果不好，休息廳西曬問題，班夫人住處和貴賓用房的衛生設備標準過低等。周總理看到有關文件後非常重視，對上述問題逐條批示，用詞非常明確：「必要時要更換！」「必須返修！」「防曬問題需另作處理」，「衛生設備必須改裝！」並指示立即讓外經貿部負責人方毅、陳慕華商辦。方毅、陳慕華根據總理指示，立即與有關部門協商逐項落實總理批示，派專業人員攜帶器材赴斯；衛生設備及時從香港進口，對西曬問題改換遮陽玻璃，使問題都及時妥善解決。

一九七三年五月四日，周總理致函班夫人，讚揚班廈是「中斯友誼的象徵」。班夫人也說，班廈「是斯里蘭卡從中國獲得援助、同情和諒解的無與倫比的範例」，「是斯中友誼和合作的至高無上的象徵」。

一九七三年五月十七日，斯里蘭卡舉行了十分

隆重的班廈揭幕典禮，斯總統、總理、議長悉數出席，共二千餘人參加。徐向前副委員長作為中國特使應邀出席。

班廈是科倫坡的標誌性建築

班廈是科倫坡一大景點，來斯里蘭卡旅遊的人，特別是中國人，都要到這裡參觀一番。班廈建築用地面積十三萬平方米，原為高爾夫球場，環境優美。整個大廈建築面積三點二五四萬平方米，由八角形平面的主體建築和附屬辦公樓群組成，容納了一個一千五百座國際會議大廳、一個二百零八座的講演廳，以及六個中小會議廳和一個宴會大廳。主體建築居於用地較高的地方，分為兩層，一層為過廳、銀行、郵局等服務用房，二層為會議大廳和兩側的休息廳；其他的功能則形成一組建築群，布置在主體建築一側。大門、通道和柱頂等處都繪有

班廈

斯里蘭卡傳統圖案—獅子、荷花等。門前有十多米高的噴泉和大草坪。班廈馬路對面有一尊佛像，那是古城阿努拉特普拉附近 Avukana 佛陀石雕像的複製品，據說是為了祈求佛祖保佑班廈而專門興建的。

一九七六年八月，斯里蘭卡作為東道主在此會議大廈成功地舉辦了第五次不結盟國家和政府首腦會議。班夫人非常高興，她對中國駐斯大使黃明達說：這次會議非常成功，有八十六個國家參加，許多國家的領導人都來了，盛況空前。要是沒有這個大廈，我本事再大也不敢請他們來啊！各國代表對大廈的設施讚不絕口，說比以往任何一次不結盟國家會議的會場都好。我告訴他們這是中國送的，這使我格外想念周總理。

除不結盟國家首腦會議外，這裡還舉行過南盟國家首腦會議和英聯邦國家首腦會議等大型國際會議和許多中小型國際會議。斯里蘭卡官方和民間的許多重要活動，商界財界的重要博覽會、研討會，也常在這裡舉行。

斯里蘭卡——中國友誼中心

二〇〇五年四月九日，正在斯里蘭卡訪問的中國總理溫家寶與斯里蘭卡總理拉賈帕克薩共同出席了在班廈舉行的周恩來塑像揭幕和紀念班達拉奈克國際會議大廈更名儀式。

　　溫家寶在儀式上發表講話說：「周恩來先生是中斯友誼的奠基人之一，為兩國友好關係的發展作出了重大貢獻。紀念班達拉奈克國際會議大廈是由周恩來先生和班達拉奈剋夫人共同商定建設的。建成並投入使用三十多年來，班廈在斯社會生活中發揮著重要作用。此後，中國政府又先後幫助斯方建設了紀念西麗瑪沃・班達拉奈克展覽中心和班達拉奈克國際研究中心，它們與班廈構成統一整體，成為中斯友誼的標誌性建築。斯里蘭卡政府提議將班廈建築群更名為斯中友誼中心，並在這裡擺放毛澤東、周恩來、鄧小平及貴國前總理班達拉奈剋夫人的雕像，充分體現了斯政府對中斯友誼的重視，寄託了我們對兩國友誼奠基者的深切緬懷，也將教育兩國年輕一代，牢記老一輩領導人為中斯友誼所作的貢獻，繼承前輩遺願，堅定地將中斯友好的火炬世代傳遞下去。」

中斯友誼的豐碑

高級法院大樓

賈亞瓦德納總統出身於法律世家，父親和叔父都曾擔任過最高法院首席法官，因而對法院大樓情有獨鍾。他一九八四年訪華時向中方提出，希望中國為斯援建高級法院大樓。中國政府表示同意。

斯里蘭卡原高級法院位於首都郝斯道夫大街，為荷蘭人一八〇六年所建，是一組帶有司法象徵的新古典主義柱廊式建築群。

斯里蘭卡高等法院大樓

中國援建的新法院綜合工程坐落在舊法院大樓南側，是一座八角形寶塔式建築，高六十五米，總建築面積二萬四千平方米。整個工程由法院大樓（包括上訴法院和最高法院）、司法部辦公樓、輔助用房三部分組成。大樓中央大廳設一根八角形漢白玉石柱支撐著頂層的高儀式法庭。

法院大樓建成後，斯總統賈亞瓦德納曾致函李先念主席，讚揚中國援建的斯最高法院大樓是兩國親密友好合作的不朽豐碑。他請李主席派一高級代表團出席該項目的落成典禮。

一九八八年九月十六日至二十日，全國人大常委會副委員長陳慕華作為中國國家主席特使應邀出席斯最高法院大樓揭幕儀式，受到賈亞瓦德納總統和普雷馬達薩總理的熱情接待。陳慕華特使轉交了楊尚昆主席致賈亞瓦德納總統的信。信中稱，斯最高法院大樓落成是中斯友誼的又一象徵。

法院大樓落成二十多年來，一直是斯里蘭卡司法工作的中心。二〇一四年，應斯方要求，中國政府決定增加援助，對法院大樓進行大修。建築屋頂、典禮大廳全部翻新，公共大廳內頂、消防等管道和電梯全部更換。中方施工人員遵照斯方要求，在不影響正常辦公的情況下，精心施工，保質保量地完成了任務。大修後的典禮大廳煥然一新，公共大廳燈光璀璨，受到斯方高度讚賞。

二〇一五年七月十九日，高級法院和司法部大樓維修項目正式竣工並交付斯方，再次見證了中斯

兩國生生不息的友誼。

斯里蘭卡國家表演藝術劇院

二〇〇一年五月，朱鎔基總理應邀訪問斯里蘭卡，受到錢德里卡・庫馬拉通加總統、斯里蘭卡政府和人民的熱烈歡迎。雙方簽署經濟和技術合作協議，中方同意為斯里蘭卡援建一座表演藝術中心。朱總理對中國駐斯使館人員說：庫馬拉通加總統多才多藝。她邀請我和中國代表團參觀了總統府大廳。她說，這個大廳重新裝修是由她設計的。我們看了，確實不錯。她把斯里蘭卡的風格與西方風格結合起來，還有一些中國元素。庫馬拉通加總統希望提升斯里蘭卡人民的文化生活水準，提出由中國援建表演藝術中心的要求，我們同意了，並簽署了相關協議。這事我們一定要把它辦好。

庫馬拉通加總統和朱鎔基總理堪稱斯里蘭卡表演藝術中心的「總設計師」。中斯雙方對此項目非常重視。根據朱總理的指示，中國商務部多次派考察組進行設計前的調查研究。我和繼任的孫國祥大使就項目選址和設計同斯方進行了多次協商。

二〇〇五年十一月十一日，由中國政府援建的斯里蘭卡國家表演藝術劇院在科倫坡舉行了奠基儀式。斯里蘭卡總統庫馬拉通加夫人和中國駐斯里蘭卡大使孫國祥出席了奠基儀式。庫馬拉通加夫人代表斯政府和人民對中國政府和人民這一援建善舉表

示感謝。她說，這是斯里蘭卡的第一個國家劇院，將成為斯中友誼新的象徵。

二〇〇八年五月二十三日，斯里蘭卡國家表演藝術劇院正式開工。斯里蘭卡總統拉賈帕克薩、中國駐斯里蘭卡大使葉大波以及斯社會各界代表二百多人出席開工典禮。

這是一個無償援助項目，坐落於科倫坡七區蓮花池路一百一十號。北京建築設計院充分聽取了庫馬拉通加總統的意見，對此項目進行精心設計，中國煙台建築集團負責施工建設。整個項目造價一點五億人民幣，建築面積一點五萬平方米。劇院共有五層樓，內有三層觀眾席，可以容納一千二百八十

斯里蘭卡國家表演藝術劇院鳥瞰

八名觀眾。舞台設計先進，可升可降，同時，還有可升降樂池。劇院內的所有機械設備都由中國提供。

睡蓮是斯里蘭卡的國花，它像徵純潔、真理和自律。當地佛教和印度教信眾常用此花獻佛、敬神。斯里蘭卡國家表演藝術劇院的設計靈感就來自於睡蓮。歷時三年建成的劇院，遠遠看去就像一朵美麗的睡蓮，靜靜地矗立在科倫坡的市中心。

二〇一一年十二月十五日晚，斯里蘭卡國家表演藝術劇院燈火通明，被裝點得格外妖嬈。斯里蘭卡政府在這裡舉行劇院落成典禮。中國全國政協副主席張梅穎與斯總統拉賈帕克薩、總理賈亞拉特納、議長恰馬爾及中國駐斯大使楊秀萍共同出席。

落成典禮上，五百多名斯里蘭卡演員組成的民族舞蹈方隊載歌載舞，將劇院變成了一片歡樂的海洋。中國北海歌舞劇院推出歌舞劇《碧海絲路》，與斯里蘭卡藝術家同台表演，掀起一個又一個高

劇院內部

潮。

　　為保證劇院的安全平穩運營，項目移交後，中國政府先後安排兩期增項和兩期技術合作項目，委派中國技術組和專家長期為劇院提供技術保障，確保其更好地惠及斯里蘭卡民眾。

　　斯里蘭卡國家表演藝術劇院是目前南亞最大的表演藝術劇院。運營以來，據不完全統計，先後舉辦各類演出、會議、展會二百餘場次（含排練），其中包括二〇一三年十一月舉行的英聯邦國家首腦會議開幕式、亞洲國家政黨會議開幕式等。每逢節假日，全國各地群眾、小學生紛紛前來劇院免費參觀。

　　斯里蘭卡國家藝術劇院的建成，無疑是中斯兩國友誼的另一座豐碑。

中國全國政協副主席張梅穎（左5）與斯總統拉賈帕克薩、總理賈亞拉特納（左4）、議長恰馬爾（右5）及中國駐斯大使楊秀萍（左2）共同出席斯里蘭卡表演藝術劇院落成典禮。

西麗瑪沃‧班達拉奈克展覽中心

　　我出使斯里蘭卡期間，中國援建的紀念西麗瑪沃‧班達拉奈克展覽中心和班達拉奈克國際研究中心大樓加速建設。庫馬拉通加總統和卡迪卡馬爾外長對這兩個項目非常關心，曾親自到施工現場指導工作，我們非常感動。

　　紀念西麗瑪沃‧班達拉奈克國際展覽中心是一座用珍貴的米黃色大理石裝飾的多邊形建築物。五十六根大理石柱子將巨大的、充滿現代氣息的彩色鋼板網架穹頂高高地撐起，寓意班達拉奈剋夫人高貴的民族氣節。

　　二〇〇一年五月十八日，朱鎔基總理在庫馬拉通加總統、維克勒馬納亞克總理的陪同下，出席展覽中心揭牌奠基儀式。為鼓勵負責施工的山東國際經濟技術合作公司做好這一項目，朱鎔基總理在公司紀念冊上題寫了「中斯友誼萬古長青」八個大

朱鎔基總理出席紀念西麗瑪沃‧班達拉奈克國際展覽中心項目奠基儀式，與迎候在這裡的斯里蘭卡總統庫馬拉通加互致問候。（供圖：中新社）

字。

　　這座新穎別緻的建築物，鄰近二十八年前經周
恩來總理精心關照而建成的莊嚴恢宏的紀念班達拉
奈克國際會議大廈。班廈歷經滄桑，但風采不減當
年。由於設計者的獨具匠心，這兩座屬於不同年代
的建築既強調布局的整體美感，又兼顧了時間的聯
貫流暢。紀念班達拉奈克國際會議大廈與紀念西麗
瑪沃·班達拉奈克國際展覽中心，一座高大挺拔、
莊嚴肅穆，一座溫柔細膩、華貴典雅，相互提攜，
相互依偎，宛如一對恩愛夫妻漫步於綠樹掩映的園
林，勾起人們對兩位已故總理的美好回憶和無盡遐
想。

兄弟情深，守望相助

　　二〇〇四年十二月二十六日中午時分，我和家人正在看電視。節目突然中斷，跳出一則插播新聞：印度洋發生 9.3 級大地震及海嘯災難，印尼、斯里蘭卡、印度、泰國損失慘重！看到這個視頻，我和妻子驚呆了。斯里蘭卡是我們的第二故鄉啊，受這麼大災難，可怎麼得了？

　　一連幾天，報導不斷更新。斯里蘭卡受襲嚴重程度僅次於印尼，三萬多人死亡，七萬多座房屋被毀，上百萬人無家可歸。

　　怎麼辦？我們急得團團轉。上街募捐行不行？找到一位曾在紅十字會工作的朋友，他說：「那不行，你沒有那個資質。」

　　我聯繫到中國國際廣播電台的朋友，參加他們正在進行的捐獻活動。幾天後，我與國際台原領導成員孔令保和僧伽羅語部主任王曉東前往斯里蘭卡駐華使館，向尼哈爾・羅德里格大使和班達拉二秘轉交善款，並向斯里蘭卡人民表示親切慰問。

　　十二月三十一日，斯里蘭卡舉行全國哀悼日活動。我向羅德里格大使和我的老朋友薩拉特・庫雷發去了一封慰問信，表達我對死者的哀悼對生者的

慰問，相信斯里蘭卡人民在前所未有的災難面前一定會不分種族、不分黨派、不分宗教，同心同德，攜手前行，用愛的力量戰勝災害，重建家園。

二〇〇五年一月一日，幾位朋友從科倫坡打來電話，向我祝賀新年，並告訴我，斯里蘭卡報紙刊登了我的慰問信。

中國政府在行動

面對這次人類大災難，中國是反應最迅速的國家之一。印度洋地震海嘯災難的消息一傳出，時任中國國家主席胡錦濤、國務院總理溫家寶相繼向斯里蘭卡領導人和其他相關國家領導人致電慰問，並宣布向有關國家提供緊急救援物資。

十二月二十九日，即海嘯發生後第三天，第一架滿載救災物資的飛機從北京出發飛往斯里蘭卡。二〇〇五年一月二十五日五時許，中國國際貨運航空有限公司 CA1095 航班抵達科倫坡機場，給斯里蘭卡送去毛毯、食品、淨水設備等災區人民生活急需物資。

三十日起，一支支中國國際救援隊醫療小分隊陸續奔赴包括斯里蘭卡在內的受災國家，戰鬥在最危險、最艱苦的救援第一線。在斯里蘭卡十四天的醫療救援中，中國救援隊共接診患者二千零六十人次。

二〇〇五年四月八日，溫家寶總理抵達斯里蘭

卡，進行為期兩天的正式訪問。他與錢德里卡·庫馬拉通加總統會面，就兩國關係和彼此關心的問題交換意見。雙方官員還簽署了多項合作協議，內容包括加強雙邊經貿合作、農業、債務減免以及科技合作等。

這次訪問，溫家寶總理用他乘坐的專機給斯里蘭卡海嘯災區人民帶來十六噸緊急救災物資，他還走訪了斯南部遭受印度洋海嘯襲擊的地區。他說：去年底，斯里蘭卡不幸遭受嚴重海嘯襲擊，海嘯給斯里蘭卡人民帶來巨大的災難，全中國人民感同身受，都在關注你們的災情，把你們的抗災工作看作自己的事情，及時提供了力所能及的援助。中方真誠希望中國人民的援助能幫助災區人民早日癒合災害創傷，儘快重建家園。他說：我這次帶來了八百七十萬美元的民間援助，中國政府將承擔貴國受損的多個漁港的修復工作。此外，我們還將參與斯里蘭卡鐵路、公路等設施建設，我們正在為斯里蘭卡

建設海嘯和地震警報體系，並為此幫助培訓有關人員。他說：我們不會忘記，在我們最困難的時候，是斯里蘭卡人民幫助了我們。我們把你們的抗災工作也看成我們自己的事情，願盡我們最大的努力來幫助你們！

溫家寶總理所說的中國最困難的時候，指的是一九五二年，當時新中國成立不久，斯里蘭卡在未與中國建交的情況下，不顧西方國家阻撓，與中國簽署著名的《米膠協定》，開始與中國進行政府間貿易。這一協定不僅是中斯貿易往來的良好開端，而且在當時對打破西方國家對中國的封鎖和禁運、促進中斯建交具有十分重要的意義，堪稱中斯友好關係的里程碑。

漁業是斯里蘭卡支柱產業之一。海嘯摧毀了大多數漁港，不僅嚴重打擊了斯國民經濟，也打亂了漁民的正常生活。據斯里蘭卡漁業與海洋資源部門提供的統計數據顯示，海嘯過後，全國約三萬艘登記在冊的漁船中，二點二萬艘不同程度受損，七千五百名漁民喪生，五千人失蹤。

溫家寶總理訪斯期間，專門來到被海嘯嚴重損毀的漁港帕納杜拉，並出席了中國政府援助修復該港的開工儀式。中方此次共與斯方簽訂了一千九百萬美元的援建斯六個漁港的協定。

二〇〇七年十二月二十八日，中國援助的斯里蘭卡三個漁業碼頭修復項目舉行竣工交接儀式。中國駐斯里蘭卡大使葉大波熱烈祝賀漁業碼頭修復項

目竣工，表示中方對斯民眾遭受海嘯襲擊深感同情，提供了力所能及的幫助，相信該項目將促進斯漁業發展，改善漁民生活。斯漁業與水產資源部長費利克斯・佩里拉高度評價中國政府在斯海嘯災後重建中所發揮的作用，對中國政府和人民的無私援助深表感謝，強調漁業碼頭修復項目是中斯友誼的又一見證。

截至二〇〇七年，中國已向斯里蘭卡提供了總價值約為一點六二億元人民幣的援助，免除了斯里蘭卡三千五百六十四萬元人民幣的到期債務。此外，中國政府還決定向斯里蘭卡提供三億美元的優惠出口買方信貸，以支持斯里蘭卡的災後重建和經濟發展。

一方有難，八方支援

斯里蘭卡遭受海嘯襲擊後，我妻子文麗一連幾天睡不著覺。「我能為蘭卡做點什麼呢？」她一直在想。突然，她想到了曾在紅十字會工作過的朋友安子。她對安子說：「我要去紅十字會當志願者，你幫我聯繫一下。」經安子推薦，中國紅十字會接受文麗作為志願者，從二〇〇五年一月八日起，在紅會協助做印度洋災區募捐登記工作七天。

說起做志願者的體會，文麗以「感人心脾」加以回答。她說：活了六十多年，從來沒有見過捐款還排這麼長的隊伍！他們來自四面八方、各行各

業，男的、女的、老的、少的，互相也不一定認識，都為了一個單純的目的：向災區人民奉獻愛心，為災區人民鼓勁加油。

有一個小姑娘，由爸媽帶領，手舉著二百元錢，稚聲稚氣地對負責接待的紅十字會志願者說：「阿姨，我要捐款。」小姑娘的聲音，吸引了眾多讚賞的目光。

有一位老奶奶，一百多歲了，她步履蹣跚地來到捐款處，從懷裡取出一千元交給了工作人員，說：「錢不多，只不過表示我的心意。」

一位女學生，正讀初中，剛滿十六歲，捐款後在現場留影，說「這是最珍貴的生日照」。

斯里蘭卡駐華大使羅德里格也講了一個感人的故事。他說，兩個小學生來到斯里蘭卡駐華使館，把他們積攢的二百元零花錢捐獻給蘭卡災民。

群眾捐款爭先恐後，企業募捐也熱情高漲，有捐五十萬美元的，有捐三百萬元人民幣的，也有捐一千萬元人民幣的。

截至二〇〇五年十一月，中國紅十字會共接受社會各界捐款四點二七億元人民幣，物資價值一千五百六十萬元人民幣。除中國紅十字會外，中華慈善總會和全國婦聯以及政府機關、民間團體也及時組織了募捐活動。大家有一個共同信念：在災難面前，我們血脈相連。一方有難，八方支援。這是人類文明的延續，也是人性的昇華。

中國—斯里蘭卡友誼村

　　二〇〇五年一月十六日，海嘯過後不久，中國紅十字會、中國慈善總會等社會團體就派出救災考察組到達斯里蘭卡考察，了解災民的需要。經與斯里蘭卡有關方面協商，決定利用中國民間籌款為斯災民興建住房。斯里蘭卡總統庫馬拉通加夫人親自為這個項目起名為「中國—斯里蘭卡友誼村」，其中包括中斯友誼村一村、二村、三村，以及中國紅十字會獨立援建的中斯紅十字村。到二〇〇六年十二月二十二日，四個新村項目全部完成。

　　二〇〇七年十一月十四日到二十一日，應斯里蘭卡政府的邀請，中國前駐斯里蘭大使高鍔、張成禮和我偕夫人，對斯進行了為期一週的友好訪問。

　　代表團特意訪問了當年受災最嚴重的南部城市高爾和本多達。當地官員介紹了高爾地區救災情

二〇〇七年十一月，中國前駐斯里蘭大使高鍔（左2）、張成禮（左3）、江勤政夫婦訪問斯里蘭卡南部的中斯紅十字村。

況。他說，中國在斯里蘭卡南部海嘯重災區所建四個災民新村，位於高爾附近三個地區，占地面積約十五萬平方米。村中配套建了幼兒園、商店、診所、體育場和廟宇等公共設施，將為四百六十二戶因海嘯失去家園的災民提供永久性住房。房子的建築面積在五十三到八十平方米。每座房子周圍還有二百多平方米的空地，可以用來種植花草和蔬菜。據介紹，村前的大片空地上將建設多功能廳、托兒所、體育場等一應俱全的公共配套設施。考慮到當地居民宗教信仰的需要，友誼村的最高處還將建設一座佛教寺廟。村口的大門上，正面用中文、英文和僧伽羅文寫著「中斯友誼村」，背面用中、英文寫著「真誠互助，世代友好」。

在中斯紅十字村，大使們訪問了新村的居民，聽他們回憶起當年海嘯發生時驚心動魄、不堪回首的慘狀，訴說他們失去親人、失去家園的痛苦。

居民們感謝中國為他們興建舒適的住房。四十三歲的蘇尼爾對大使們說，海嘯讓我們遭受滅頂之災，中國為我們重建家園，當我從中國紅十字會副會長蘇菊香手裡接過嶄新的兩室一廳住房的鑰匙時，我真不敢相信自己的眼睛。我要說：感謝中國，感謝中國紅十字會！

中國施工人員忘我的工作精神使這裡的居民深受感動。他們說，中國工程技術人員本身素質很高，但他們充分聽取了斯里蘭卡設計師的意見，使用的材料也相當好，遠遠超過了救災房的標準。他

們說，施工隊剛來的時候，這個山上全是椰子樹，
還有大塊的裸露岩石，推土機推不動，樹林間還有
毒性很大的眼鏡蛇，施工條件不僅非常艱苦，而且
非常危險。為了讓災民早日住進新房，中國建設者
克服重重困難，堅持施工，雨季也不停工，終於建
成了今天美麗的新村。

「中國是斯里蘭卡可靠的朋友，我們是患難之交。」

中國在斯里蘭卡的救援努力得到斯里蘭卡人民
的高度評價。

斯里蘭卡遭遇罕見的大海嘯襲擊後，中國政府
第一批緊急援助物資三天後就發放到災民手中。五
天之後，第二批緊急援助物資又順利運到斯里蘭
卡。二○○五年一月四日，中國駐斯里蘭卡大使孫
國祥向斯總統庫馬拉通加夫人正式移交第二批援助

物資時，庫馬拉通加夫人滿懷深情地說，「中國是斯里蘭卡可靠的朋友，我們是患難之交。」

二〇〇五年八月三十日，庫馬拉通加夫人在會見中國財政部長金人慶時表示：去年十二月斯里蘭卡遭受海嘯災難後，中國是世界上第一個向斯里蘭卡提供救災援助並幫助災後重建的國家。中國為西方國家樹立了榜樣。

斯里蘭卡漁業和水產部長錢德拉塞納‧維傑辛哈充滿感情地說，除了我們的祖國，中國是我們最尊敬的國家。中國總理和人民所帶來的幫助，對我們災後重建來說是無比的安慰和巨大的喜悅。我們將懷著對中國人民的崇高敬意，爭取儘快完成重建工作。

斯里蘭卡總統高級顧問毛拉納說：這次海嘯襲擊猶如「滅頂之災」。斯里蘭卡國難當頭，中國人民感同身受。許多天來，每當從電視裡看到中國的機關、企業、學校甚至大街小巷到處都有人自發地為我們災區捐款，我總是要激動得流下熱淚。「在斯里蘭卡最困難的時候，中國人民給予了大量的援助。但我要說，這種援助根本無法用金錢來衡量，因為中國對斯里蘭卡的支援是從內心湧流出來的！」

在過去幾十年中，毛拉納先後三次訪問中國，有幸見到過毛澤東、周恩來等中國老一輩領導人，對中斯兩國人民的友好交往感觸頗深。

「這種交往是經受過歷史考驗的患難之交！」

他回憶說，一九五二年中國與尚未正式建交的斯里蘭卡簽署了著名的《關於大米和橡膠的貿易協定》，向當時嚴重缺米的斯里蘭卡提供大米，同時從斯里蘭卡換取自己所需的橡膠。現任總統錢德里卡‧庫馬拉通加夫人的父親、前總理所羅門‧班達拉奈克生前對華極為友好，積極促成兩國於一九五七年二月七日建立全面的外交關係。六〇年代初，斯里蘭卡曾經遭遇外匯危機，中國人民在自己同樣經濟困難的情況下，義無反顧地向斯里蘭卡提供了大量的美元援助。

「在斯里蘭卡，中斯友好的豐碑隨處可見，兩國友誼的佳話到處傳揚！」毛拉納自豪地說。在中國幫助斯里蘭卡建設紀念班達拉奈克國際會議大廈的時候，時任總理西麗瑪沃‧班達拉奈克親臨施工現場，參加義務勞動。

「中國是一個有著悠久歷史、燦爛文明和廣闊幅員的大國，而斯里蘭卡只是一個很小的國家，但在同中國相處時，斯里蘭卡從來沒有感覺到不平等。這一點更加難能可貴。」毛拉納說，中國在國際交往中不僅首先提出了和平共處五項原則，而且還真正按照潘查希拉的精神來處理與世界各國的關係，這一點在各個大國中可以說是獨一無二的，也為整個國際社會作出了榜樣。

毛拉納堅定地說：「中國向斯里蘭卡伸出的援助之手，極大地鼓舞了正在與天災進行鬥爭的斯里蘭卡人民。斯里蘭卡政府和人民一定能夠在中國和

國際社會的幫助下早日重建家園，戰勝這場千年不遇的災害。」

回報

　　二〇〇八年五月十二日十四時二十八分，中國發生了震驚世界的四川汶川特大地震，造成六點九萬同胞遇難、一點七萬同胞失蹤，房屋大量倒塌、損壞，基礎設施大面積損毀，需要緊急轉移安置受災群眾一千五百一十萬人，工農業生產遭受重大損失，生態環境遭到嚴重破壞，直接經濟損失八千四百五十一億多元。

　　大地震發生後，斯里蘭卡舉國上下高度關注，各界人士包括斯里蘭卡駐華使館的外交官們紛紛慷慨解囊，為災區捐款。五月二十五日，斯里蘭卡政府向中國四川災區捐贈的首批二百七十七頂帳篷和醫療設備、藥品、茶葉、服裝及日用品等從科倫坡啟運，當天上午到達成都。

　　斯里蘭卡外長博戈拉加馬和中國駐斯里蘭卡大使葉大波等到科倫坡機場送行。博戈拉加馬外長表示，斯政府和人民對四川地震災害所造成的重大人員傷亡和財產損失深感悲痛，此次捐贈的救災物資體現了斯政府和人民對中國人民的友好情誼，希望災區能早日恢復正常。葉大波大使代表中國政府和人民感謝斯政府的慷慨捐贈。他說，事實再次證明，中斯兩國是患難與共的好朋友。

在中國外交部發出「急需帳篷」的呼籲後，六月十三日，斯里蘭卡政府向中國地震災區捐贈了第二批一千頂帳篷。

斯里蘭卡駐華大使阿穆努加馬錶示：斯中兩國人民情同手足。四川大地震發生後，斯政府和人民深感悲痛，通過各種方式向中國政府和人民表達同情和慰問。斯總統親赴中國駐斯使館弔唁，並指示外長親自負責對華援助工作。此次斯方再次捐贈一千頂帳篷，希望能為中國人民抗震救災盡一份綿薄之力，並借此回報長期以來中國人民給予斯方的無私援助和支持。相信在中國政府的領導下，中國人民一定能夠戰勝地震災害。

中國外交部長助理何亞非代表中國政府感謝斯政府再次捐贈一千頂帳篷。何亞非表示，斯作為發展中國家，克服種種困難為中國籌集援助物資，令中方深受感動。相信這一千頂帳篷一定能夠幫助許多受災的家庭儘早渡過難關。在中國政府的堅強領

導下，在包括斯里蘭卡在內的國際社會的支持下，
中國人民有信心克服一切困難，重建美好家園。

斯里蘭卡朋友慷慨解囊、雪中送炭的善意，中
國人民看在眼裡，記在心上。

「我們是兄弟！」

——記中國軍艦搭救滯留也門的蘭卡僑民

二〇一五年三月，沙特等國對也門展開空襲後，也門安全局勢惡化，形勢非常危急。

中國政府高度重視在也門的中國公民生命安危。空襲開始的當天晚上，外交部就啟動了應急機制，同有關部門緊密配合協調組織撤僑行動。根據習近平主席和中央軍委命令，三月二十六日深夜，海軍立即組織正在亞丁灣海域執行護航任務的第十九批護航編隊臨沂艦、濰坊艦、微山湖艦向也門亞丁港海域機動。同時，編隊連夜部署各艦迅速由護航狀態轉入撤離任務準備狀態，完善艦艇靠泊、人員核准登艦、艦艇安全警戒、生活保障、衛生防疫等方案，在最短時間內完成了一切準備工作。

從三月二十九日到四月六日，中國政府分四批從也門安全撤離了六百一十三名中國公民，還協助來自十五個國家的共二百七十九名外國公民安全撤離。

斯里蘭卡在也門沒有使館，其駐阿曼使館緊急聯繫中國駐斯里蘭卡使館，請求協助撤離斯里蘭卡僑民。中方當即表示願意提供幫助，同時與斯里蘭卡外交部及在也門的斯僑民取得電話聯繫，協助他

們撤離。

四月六日，中國外交部宣布，中國駐也門使領館暫時閉館。同日，中國海軍撤離了最後一批在也門的中國公民和四十五名旅居也門的斯里蘭卡僑民。

路透社援引熟悉操作的外交人士的話說，此次協助多國的撤僑行動是「非常危險」的。因為當時戰火已接近了中國軍艦，「中國的軍艦可謂是在正確的時間、在正確的地方出現」。

四十五名斯里蘭卡僑民分兩批分別於四月九日和十日抵達科倫坡機場。四月九日凌晨，斯里蘭卡

斯里蘭卡僑民在也門荷台達港排隊等待登上中國軍艦。（供圖：中新社）

外交部副部長阿吉特・佩雷拉、海外勞工部長阿圖考勒及中國駐斯使館政務參贊任發強等官員到機場迎接二十九名搭乘中國軍艦離開也門的斯里蘭卡僑民。阿吉特・佩雷拉代表斯政府對僑民安全回國表示熱烈歡迎，並表達了對中方的誠摯謝意：「這次撤僑過程艱辛曲折，我們先是向中國申請飛機援助，在得不到沙特方面的著陸許可後又向中國提出軍艦援助，最後終於成功將僑民撤出也門。感謝中國給予我們的大力幫助。」

回想起撤離之前的緊張情形，斯里蘭卡僑民格蘭仍心有餘悸：「沙特軍機在薩那密集轟炸，我家的玻璃震碎了，房屋附近到處是彈坑。當時我和一位蘭卡同伴在一起，我們以為我們肯定是出不去了。」

就在格蘭以為身陷絕境之際，他得到消息：中國軍艦同意搭載他們撤離也門。四月五日晚，格蘭和其他一些同胞經八小時長途跋涉，通過七道關卡，從薩那抵達西部荷台達港，並在中方幫助下順利通關，於六日中午抵達碼頭準備登艦撤離。格蘭說，他無論如何也沒有想到在這麼艱難的時候會有國家伸出援助之手。當他登上中國軍艦後，他慶幸自己終於登上了「諾亞方舟」：「在中國軍艦上，沒有感覺到想像中軍艦上那種嚴肅的氣氛，而是感到很溫馨。中方人員像兄弟一樣對待我們，沒有他們，我現在可能還困在薩那。」

年近古稀的納齊姆是一位斯里蘭卡籍穆斯林，

已經在也門生活近十五年。但也門近來動盪的局勢迫使他不得不考慮回國。他未曾想到，歸途竟會如此艱難。他說：「我們先是找了另一個計劃撤僑的國家，但是他們的使館最後還是拒絕了我們，理由是他們自己的僑民太多了，要等到本國僑民撤完了才能考慮我們。可是，等到那時候誰知道情形會糟糕成什麼樣？」

對於中國的「雪中送炭」，納齊姆既意外又感激。他認為這是患難見真情，中國在他們最需要的時候施以援手，足以證明斯中友誼的真摯。

臨沂艦上官兵們的貼心服務讓納齊姆由衷讚嘆。特別是中方提供的清真食物，如土豆牛肉、咖喱炒飯、炸洋蔥圈等菜品都很適合穆斯林的飲食習慣，「我真不明白中國人怎麼做到的，他們這麼細心體貼，每個菜式都很用心，像對待家人一樣。兩位士兵還幫助我那快七十歲的妻子下樓用餐」。納齊姆老人並不知道，為了讓飲食符合外國僑民的口味，臨沂艦上的炊事班可著實下了一番苦功。炊事班班長介紹說：「為了做好咖喱炒飯，我們提前兩天就開始準備了，經三次試驗之後才覺得可口。」

除了悉心烹製的飲食，臨沂艦還為外國僑民提供了許多周到的服務。對此，斯里蘭卡僑民阿吉特深有體會：「艦上的軍醫進行了兩輪巡診，他們時常過來向我們詢問健康情況。這些官兵給我們這些外國人讓出了一百多個鋪位，每個艙室還配備一台平板電腦，可以上網。」

斯里蘭卡僑民登上中
國海軍臨沂艦。(供
圖:中新社)

　　回到祖國的懷抱,他們的心終於踏實下來。在
納齊姆老人看來,這段驚險曲折的經歷將會成為他
人生中不可磨滅的一段記憶:「我無法忘記這段經
歷。當我們登上中國軍艦的時候,我感覺,中國就
像我們的親人一樣。」

　　「幾天前,我還在面對炮火和死亡,而此刻,

我已站在了祖國的土地上。你想像不到我內心有多麼感謝中國，」九日到達科倫坡班達拉奈克機場的格倫·愛德華動情地對新華社記者說。這個在也門工作多年的汽車工程師，曾經無數次往返於薩那與科倫坡之間，但從沒想過有一天會以這種方式回家。四月六日，他從也門荷台達港搭乘中國軍艦到達吉布提，然後從吉布提乘飛機回到科倫坡。

　　十二歲的斯里蘭卡女孩斯特米從人群中一眼就看到了歸來的父親布迪卡。父女深情相擁，眼中淚光閃閃。布迪卡對新華社記者說：「請一定幫我轉達謝意，我們非常感謝中國。如果沒有中國軍艦，我們就不會站在這裡。」

　　布迪卡向記者回憶了他們在也門艱難的求救經歷。早在一週前，布迪卡和幾個同鄉就開始不斷地向各種機構求助，希望能夠獲得幫助離開戰亂之地，但得到的回答一直都是「你下次再來問問吧」。後來，近乎絕望的布迪卡撥通了中國駐也門大使館的電話。「當時我並沒有抱什麼希望，但電話那頭一位姓林的先生對我說：『我們是兄弟，中國會幫助你們的。』掛了電話，我忍不住哭了。那個時刻讓我終生不忘。沒有言語可以表達我對中國的感激之情，」布迪卡說。

　　登艦時，布迪卡向戰士要了一面中國國旗，他說：「我將永遠珍藏它，看到中國國旗，就會想到那句話：『我們是兄弟』。」

為斯戰後重建出把力

上世紀五六十年代，斯里蘭卡是南亞最穩定、最富裕的國家，也是亞洲最發達的國家之一。一九六五年，新加坡獨立之初，李光耀總理特意去斯里蘭卡取經，他公開宣稱要向斯里蘭卡學習。幾十年過去了，同樣遭受過英國殖民統治的兩個國家已不可同日而語。幾乎一無所有的新加坡變成了國際大都會，而斯里蘭卡則經歷了四分之一世紀的戰爭。

慘烈的內戰

「泰米爾伊拉姆猛虎解放組織」（Liberation Tigers of Tamil Elam），簡稱泰米爾猛虎組織，是由斯里蘭卡泰米爾族極端民族主義分子組成的武裝組織。他們從境外得到武器、訓練和資金支持，目的是在斯里蘭卡北部和東部建立一個獨立的「泰米爾伊拉姆國」。一九八三年七月二十三日，猛虎組織在賈夫納地區伏擊政府軍，打死十三名僧伽羅官兵，從而拉開了所謂「泰米爾伊拉姆戰爭」的序幕。斯里蘭卡從此陷入長達二十六年的內戰。

期間，印度、挪威等國多次出面斡旋，促成雙方達成短暫停火，但都無果而終。戰火越燒越旺。猛虎組織武器好、戰鬥力強，他們在與政府軍頑強對峙的同時，還運用人體炸彈製造多起致命慘案。

印度前總理拉‧甘地、斯里蘭卡總統普雷馬達薩、
統一國民黨領導人加米尼‧迪薩納亞克以及斯政府
多名內閣部長和立法委員、泰米爾解放陣線領袖阿
米達林加姆等被炸身亡，斯總統庫馬拉通加夫人也
曾遭遇猛虎組織製造的一次自殺性爆炸，雖倖免於
難，但失去了一隻眼睛。此外，猛虎組織還對公共
建築、商業中心甚至佛教聖地發動過一系列襲擊。
泰米爾猛虎組織被世界上三十二個國家列為恐怖組
織。

二〇〇七年，斯里蘭卡政府軍在該國北部地區
發起攻勢。二〇〇九年五月十八日，政府軍全殲猛
虎組織頭目，斯里蘭卡內戰宣告結束。

在這場歷時四分之一世紀的內戰中，人民大眾
的生命財產遭受嚴重損失。斯里蘭卡經濟發展遭受
嚴重破壞，國家主權、獨立和領土完整遭受嚴重威
脅。

中國聽到斯里蘭卡內心的呼喚

斯里蘭卡人民盼望和平，更盼望恢復和平後大
力發展生產力，逐步消滅貧窮，不斷提高人民的生
活水平。

和平重新降臨這個美麗的島國，斯里蘭卡百廢
待興，開始了大規模戰後重建。她呼籲國際援助，
對外資的渴望尤為強烈。長期與斯里蘭卡保持友好
合作關係的中國，深深感受到了斯里蘭卡內心的呼

喚。

二〇〇九年六月四日，中國商務部亞洲司副司長梁文沈表示：內戰結束後，斯里蘭卡將進行大規模重建，中國政府願意在斯里蘭卡重建中給予力所能及的幫助。他表示：中國與斯里蘭卡有巨大的合作潛力，兩國在經濟發展方面可以優勢互補。中國願意在斯里蘭卡重建中發揮重要作用。

二〇一五年二月，在同斯里蘭卡外長薩馬拉維拉共同會見記者時，中國外交部長王毅表示：中斯合作以共建二十一世紀海上絲路為主線，以商簽自由貿易協定、基礎設施建設、開展產業合作為三大支柱，積極拓展衛生、農業、科技、旅遊、人文五個領域的合作增長點，造福於中斯兩國及兩國人民。

二〇一五年，易先良出任中國駐斯里蘭卡大使。經過一番調研後，他得出這樣的結論：「結束內戰後，中國是斯里蘭卡最大的援助國、最大的外資來源國。迄今為止，已有五十多家大型中資企業在斯里蘭卡投資，合同金額達六百多億元人民幣，已投入的真金白銀達四百多億元人民幣。」「中資企業積極參與斯里蘭卡戰後重建工作，包括業已竣工和投入使用的科倫坡機場高速公路、南部高速、馬特拉機場、普特拉姆電站、科倫坡港南集裝箱碼頭等，以及在建的南部鐵路一期工程等多個港口、橋樑、公路、鐵路等，中方為斯里蘭卡經濟社會發展作出了重要貢獻。」

普特拉姆燃煤電站

能源緊缺一直是制約斯里蘭卡經濟發展的瓶頸。為了緩解這一矛盾，錫蘭電力公司同中國機械設備工程股份有限公司（CMEC），就興建普特拉姆燃煤電廠進行了友好商談，並達成協議。

普特拉姆位於斯里蘭卡西海岸，距離首都科倫坡約一百三十公里，屬乾旱區，氣溫高、濕度大、鹽霧濃，環境不理想，經濟欠發達，人口也相對較少。所以，它與斯里蘭卡其他許多城市相比，知名度不怎麼高。二〇〇七年後，因為在這裡建設電廠，普特拉姆逐漸進入公眾的視野，同時也受到旅遊者的青睞。

普特拉姆燃煤電廠是斯里蘭卡第一座燃煤發電站，是斯獨立以來規模最大的電力工程項目，被當

普特拉姆電廠

地人稱為「維多利亞之光」（即勝利之光）。普特拉姆電站總容量為 3×30 萬千瓦，分兩期建設。一期三十萬千瓦電站及附屬設施二〇〇七年七月開工，投資四點五五億美元。中國公司爭分奪秒，加速建設，於二〇一一年七月提前半年移交投產。兩年後，二〇一三年，普特拉姆電站發電相對收益五億美元，這意味著一期投資全部收回。電力專家認為，新建電廠落成兩三年就收回成本，堪稱奇蹟。就在這一年，錫蘭電力公司有史以來第一次實現真正盈利，盈利額達到一億多美元。

二〇一四年八月，中國公司完成了普特拉姆電站二期 2×30 萬千瓦電站及附屬設施的建設，再增發電量六十萬千瓦。普特拉姆電站的發電量占到斯里蘭卡電力總需求的百分之四十五。

普特拉姆燃煤電廠的建成不僅緩解了斯里蘭卡供電緊張的狀態，而且有效地降低了發電成本。以前，斯里蘭卡發電使用燃油機組。錫蘭電力公司提供的數字顯示，燃油發電和燃煤發電成本差距巨大。燃油電價每度在二十五個盧比以上。考慮到消費者的承受力，錫蘭電力公司在消費者購買燃油發電時給予部分財政補貼。即使這樣，燃油電的市場價格也要維持在每度十八盧比。而普特拉姆電站燃煤機組的發電成本價每度只有八個盧比，與前者相比，優勢十分明顯。

二〇一四年九月十六日，兩國元首共同出席了中斯重要合作項目—普特拉姆燃煤電站視頻連線啟

用儀式。習近平主席在儀式上強調,中斯兩國是患難與共的好兄弟、共謀發展的好夥伴、相互支持的好朋友。中方願意同斯方共同努力,使兩國互利合作成果更多造福兩國人民。

拉賈帕克薩總統表示,普特拉姆燃煤電站項目使斯里蘭卡千家萬戶受益,為斯里蘭卡國家發展提供了強勁動力。他宣布,即日起下調全國電價和油價。同年十月,錫蘭電力公司根據總統的指示,下調電價百分之二十五。

電力生產是一個系統工程。它不僅要求電廠本身的技術和管理過硬,而且要求其他設施如電網的運行與之配套。電力行業管理人員和技術操作人員的素質也必須相應提高。因此,普特拉姆電廠的完工,只是建設任務的完成,企業運行的責任才剛剛開始。優化系統設備、加強全員培訓是今後必須常抓不懈的大事。

援建公路和鐵路

在中國,有一個口號常被人提起,那就是「要想富,先修路」。過去二十多年來,中國政府大力發展公路交通,實施了「村村通」工程,省道、國道四通八達,高速公路建設方興未艾。截至二〇一五年底,中國高速公路實現通車里程十一點二萬公里,位居世界第一。實踐證明,改善交通運輸對經濟社會發展最為有效。它對經濟社會發展不但有服

務的作用，而且有引領的作用。

持續二十六年的國內衝突，使斯里蘭卡的道路或遭戰爭破壞無法使用，或因年久失修而破敗不堪。仍在使用的公路大多是雙向兩車道，路窄、彎多、車雜，大部分路段行車速度不到五十公里／小時。戰爭結束後，斯政府制定公路建設藍圖，中國幾個大公司知難而上，幫助斯里蘭卡修建了多條高等級公路。

科倫坡國際機場高速公路

科倫坡國際機場高速公路原本是由一家韓國公司建設的，經過的地段地下地質情況不好，施工難度太大，成本太高。加之二〇〇一年十二月斯政府更迭，新政府採取緊縮貨幣的政策，減少了對承包商的付款，項目進程遲緩。經協商，他們於二〇〇

科倫坡國際機場高速公路

三年一月終止了合同。

　　二〇〇五年溫家寶總理訪斯時，同庫馬拉通加總統達成一致，由中國政府提供貸款，興建科倫坡國際機場高速公路。

　　被譽為斯「國門第一路」的機場高速，由中國冶金科工集團承建，二〇〇九年八月八日動工，二〇一三年十月建成。道路主線全長二十五點八公里，連接線四點八公里，為雙向四車道路面，局部路段為雙向六車道，設計速度為每小時八十至一百公里。

　　二〇一三年十月二十七日，科倫坡國際機場高速公路正式建成通車。斯里蘭卡總統拉賈帕克薩和中國駐斯里蘭卡大使館臨時代辦任發強為高速路開通儀式揭幕和剪綵，並出席萬人慶祝集會。總統在集會上發表講話，高度評價中國政府和人民幫助斯里蘭卡建成了這條高速路，圓了幾代斯里蘭卡人的夢。他說，中國政府提供貸款，中冶集團用最好的設備和技術，為斯里蘭卡建造了這條高質量的高速路，使機場到科倫坡市區的時間由一個半小時縮小到二十分鐘，大大便利了人民的出行。當地郵政局當天還發行了科倫坡國際機場高速公路的紀念郵票。

岡波拉至努瓦拉埃利亞和岡波拉至努瓦拉皮蒂亞路網改造項目

　　這條路蜿蜒在崇山峻嶺之間，海拔落差有時超

過一千五百米，沿線多為懸崖路段。施工進行中還須保持現有公路暢通，施工條件很差。經中國港灣公司艱苦奮戰，這條路於二○○八年三月正式通車。

道路改造完成後受到斯里蘭卡人的高度讚賞。其中，位於 A5 國道岡波拉鎮（Gampola）至努瓦拉埃利亞（Uuvara Eluya）第十四公里處的拉姆博達帕斯公路隧道（Ramboda Pass）為斯里蘭卡的首條公路隧道，全長二百六十米，其照片還被印在斯里蘭卡新版一千元盧比紙幣上。

亭可馬里的五座橋

位於斯里蘭卡東北部的亭可馬里是歐美旅遊者的度假天堂。這一地區曾經是斯政府軍與猛虎組織激烈交戰的地方之一，道路和橋樑毀壞嚴重。加之二○○四年印度洋海嘯，亭可馬里變得面目全非。

二○○九年十二月，中鐵五局承建的亭可馬里

斯里蘭卡新版一千元盧比紙幣上的拉姆博達帕斯公路隧道照片

五座橋樑開工。為了儘早恢復交通，中鐵五局只用一年零九個月時間就完成了任務，不僅建設進度快，而且使用了許多當地公司所不掌握的施工技術和工藝。

這五座橋的修通，結束了當地公路汽車用輪船擺渡過河的歷史。竣工儀式當天，許多當地民眾自發前來參觀。在視察了這一工程後，斯里蘭卡公路局總工程師讚嘆道：中國公司創造了了不起的速度。交通狀況和市政設施得到改善後，亭可馬里再次成為旅遊熱點。

南方高速

連接科倫坡和南方重鎮高爾（Galla）的「南方高速」，全長一百二十多公里，被斯里蘭卡人稱為「夢想之路」。這條路，同樣凝聚著中國工程建設者的智慧、艱辛和汗水。

項目第一標段全長三十四點五公里，由中國港灣工程有限責任公司承建，二〇一一年十一月二十七日舉行通車儀式。斯里蘭卡總統拉賈帕克薩表示，這條路是「通往奇蹟的門戶」，通過道路網絡把斯里蘭卡人民聯繫在一起，是促進經濟發展和民族和解的最好手段。

南北大動脈 A09 公路

這條公路全長三百二十公里，是斯里蘭卡戰後重建的第一條國家公路，它南起中部重要城市康提

（Kandy），北至北方城市賈夫納（Jaffna），是斯里蘭卡最重要的一條經濟「生命線」。其中，中航國際工程公司承建了高庫拉瑪（Galkulama）至賈夫納路段，全長一百五十四公里，途經內戰時期斯里蘭卡政府軍與猛虎組織交戰的地雷區，是全路段中施工難度最大、危險性最高的區域。該項目合同於二〇〇九年十二月簽署，二〇一一年二月正式開工，合同額一點六七億美元。

二〇一三年六月十五日，A09 公路在北方城市基里諾奇（Kilinochchi）正式交付使用。斯里蘭卡總統拉賈帕克薩出席啟用儀式並發表講話。他說，A09 公路的順利竣工，將極大地推動當地經濟發展，尤其是旅遊業的發展；南北大動脈的打通也將進一步促進民族和解；更值得一提的是，項目的實施為當地百姓提供了五千多個就業崗位，改善了民眾的生活，承擔了企業的社會責任。

南部鐵路

南部鐵路是斯里蘭卡近九十年來修建的第一條新建鐵路線，是斯里蘭卡交通基礎設施互聯互通工程中的重點項目之一，起點為南方省的馬塔拉，終點為烏瓦省的卡塔拉伽馬，全長約一百二十七公里。該工程由中國機械進出口（集團）有限公司牽頭，與中鐵五局共同修建。項目分三期進行建設，一期工程二十六點七五公里，設計時速一百二十公里，由中國政府提供貸款，預計二〇一六年完工。

二〇一三年十月二十八日，南部鐵路一期工程開工儀式在貝里阿塔舉行。斯議長恰馬爾在儀式上發表講話，高度評價中國政府和人民在斯里蘭卡基礎設施建設中提供的巨大幫助。他說：「這裡是我的家鄉，這條鐵路是家鄉人的夢想，我父親做夢也想把這條鐵路修起來。在中國政府幫助下，我們今天終於夢想成真。」

中國駐斯里蘭卡大使吳江浩表示：南部鐵路開工是斯鐵路交通建設的重要一環，鐵路完工後將在中斯合作建成的港口、公路和機場的基礎上，在斯里蘭卡南部地區形成海、陸、空三位一體運輸網絡，推動地區經濟實現新的騰飛。中國政府將進一步向斯提供力所能及的幫助，鼓勵更多中國企業來斯投資興業，使兩國經貿合作結出更多豐碩果實。

助建區域航運中心

中斯海洋貿易合作有著悠久的歷史，兩國早在二〇〇〇年前就存在航海關係。中斯兩國政府於一九六三年七月二十五日簽署海運協定。最近幾十年，因為內戰，斯安全環境惡化，阻礙了海洋事業的發展。實現和平以後，斯里蘭卡海洋事業的發展獲得了新的機會。斯里蘭卡提出了建立區域航運中心的構想。中國對此作出了積極響應，並與斯方合作建成兩個大型項目。

科倫坡南港集裝箱碼頭

　　科倫坡南港集裝箱碼頭項目總投資超過五億美元，是斯里蘭卡迄今為止最大的單一外資項目，由中國招商局國際有限公司主導融資、設計、建造、運營及管理，特許經營期為三十五年。

　　科倫坡南港集裝箱碼頭共有四個泊位，碼頭岸線總長一千二百米，陸域面積五十八公頃，碼頭前沿水深十八米，可停靠世界上最大的一萬八千標準箱的貨櫃輪。碼頭設計年吞吐量為二百四十萬標準箱，將大大提升科倫坡港口的吞吐能力。

　　該碼頭被定位為大型船舶中轉港口，旨在打造成地區海運航務中心。這將是斯里蘭卡唯一能接卸一萬四千五百標箱超大集裝箱船的碼頭。其設施配備可與全球型航運樞紐的新加坡和迪拜港相提並論。到二〇二〇年，該碼頭的吞吐量有望達到一千萬箱，據推算，屆時年收益或將達到十億美元。

　　科倫坡國際集裝箱碼頭有限公司（CICT）是

二〇一二年九月十六日，正在斯里蘭卡訪問的中國全國人大常委會委員長吳邦國視察了由中斯合作建設的科倫坡港南集裝箱碼頭建設工地，聽取中方施工單位介紹。（供圖：中新社）

由香港招商局國際有限公司、斯里蘭卡 Aitke Spence 公司以及隸屬於斯里蘭卡政府的斯里蘭卡港務局組成的合資公司，三家占股比例分別為 55%、30%和 15%。CICT 贏得建設、營運科倫坡南港集裝箱碼頭的三十五年 BOT（投資、建設、經營）合約，營運期滿後將把碼頭交還給斯里蘭卡政府。

項目分兩期工程展開，首期工程於二〇一一年十二月十六日開工，時任中國駐斯里蘭卡大使楊秀萍在開工儀式上指出：「科倫坡南港集裝箱碼頭是斯里蘭卡最大的外商投資項目之一，不僅國家受惠，人民也受益。一旦碼頭建成，該港口將能接卸世界最大的班輪，也必然有助於使科倫坡港成為整個南亞地區的重要航運樞紐。」

二〇一三年八月五日，科倫坡南港集裝箱碼頭開港試運行。斯里蘭卡總統拉賈帕克薩、中國駐斯大使吳江浩、招商局集團總裁李建紅以及部分國家駐斯使節、斯政府官員、各界群眾數千人參加了開港儀式。

拉賈帕克薩總統在開港儀式上發表講話，說斯政府在內戰結束前就計劃將斯打造成區域航運中心，科倫坡南港集裝箱碼頭是這一計劃的重要部分，它對吸引外來投資、促進斯經濟發展必將發揮重要作用。

談及科倫坡南港的重要性時，李建紅說，科倫坡南港是南亞地區迄今為止最大的深水港，它不僅能服務於南亞次大陸、遠東和亞太地區，還可以服

務東西主航線。他說，南港集裝箱碼頭開港將給斯里蘭卡帶來強大的競爭優勢，有助於其實現成為區域航運中心的願望，招商局集團將致力於將科倫坡南港集裝箱碼頭打造成為南亞最好的深水集裝箱碼頭，並以此為依託不斷尋求擴大對斯投資合作。

漢班托塔港

漢班托塔海港項目為斯政府框架下的 EPC 設計和施工總承包項目，一期工程包括兩個十萬噸級重力式通用碼頭、一個十萬噸級重力式油碼頭等主體工程。

二〇〇七年二月，拉賈帕克薩總統訪華，與胡錦濤主席就漢班托塔海港項目達成共識。隨後，中國港灣工程公司和中國水電建設國際工程公司承建了該項目一期工程，工程合同額三點六一億美元，其中百分之八十五的工程款由中國進出口銀行以出口買方信貸提供。中國港灣在工程合作夥伴的配合下，經過三年半的艱苦奮戰，使漢班托塔一期工程港區具備使用功能，與之配套的行政辦公大樓、工作車間、福利樓、倉庫等公共設施投入使用。到二〇一〇年八月，碼頭主體結構工程基本完成，港池開挖土石方量累計達一千二百多萬方，開挖至負十七米水深，砌築完成了三百一十一米長的東防波堤和九百八十八米長的西防波堤等主要工作內容，提前四個月圓滿完成了業主指定的實現港口靠船的要求。

二〇一〇年十一月十八日，漢班托塔港一期工程開港和二期工程開工儀式在漢班托塔隆重舉行。斯里蘭卡總統馬欣達‧拉賈帕克薩、總理拉特納西里‧維克勒馬納亞克，胡錦濤主席特使、全國人大常委會副委員長桑國衛，中國駐斯里蘭卡大使楊秀萍，中交股份副總裁陳奮健，中國港灣董事長、總經理孫子宇和五萬斯里蘭卡群眾一起參加了這一儀式。

漢班托特港在斯里蘭卡可謂家喻戶曉，許多民眾慕名前來參觀，特別是中小學生。不少學校將這裡看作愛國主義教育基地，專門組織學生參觀。為方便參觀者觀看大港建設景觀，中國港灣公司還專門建造了兩個觀景台。

拉賈帕克薩總統和桑國衛副委員長在儀式上發表講話。拉賈帕克薩總統對中國的援助表示感謝，他說：「這個港口將來會成為國際性港口，為斯里蘭卡經濟發揮核心作用」，「流進漢班托塔港的不是海水，而是我們國家未來的繁榮昌盛。從這個港口開始，我們國家將會迎來真正的經濟獨立。」

十時二十七分，一艘萬噸巨輪在拖輪的引導下，從口門緩緩駛來，人們歡呼雀躍。許多參加港口建設的人流下了激動的熱淚。隨後，又一艘貨輪進港，拉賈帕克薩總統登上貨輪，親自開動吊機卸下第一吊貨，漢班托塔港開始了它的使命。

開港儀式結束後，當天十一點五十七分，拉賈帕克薩總統在陳奮健、孫子宇的陪同下來到港口碼

頭，出席漢班托塔港二期工程開工儀式。他接過準備好的信號槍，高舉雙手，扣動扳機，一顆紅色的信號彈衝向天空。此時，碼頭對面傳來一聲巨響，一個百米高的巨大水柱騰空而起，十八輛二十五噸的載重車同時卸下泥土，宣告漢班托塔港口二期工程正式開工。

漢班托塔港口二期工程總投資 8.09 億美元，分為 A、B、C 三個階段實施。A 階段為四個 10 萬噸碼頭泊位、兩個 1 萬噸碼頭泊位；B 階段為建設一個人工島；C 階段為建設兩個 30 萬噸船塢、六個 10 萬噸碼頭泊位。

經過中國港灣公司、中交四航局二公司日夜奮戰，漢班托塔港口項目二期工程碼頭主體結構—新型扶壁式沉箱於二〇一五年六月二十三日完成第六百三十九層，也是最後一層沉箱澆築。至此，二期項目現澆沉箱施工完美收官。

二〇一五年三月二十六日，斯里蘭卡總統邁特里帕拉·西里塞納在北京與中國國家主席習近平會談時表示，斯方對中國政府支持漢班托塔港等斯大項目建設表示感謝。斯方歡迎中國企業更多赴斯投資，並將向投資者提供健康的投資環境。

啊，港口城！

中國人有「中國夢」，斯里蘭卡人也有一個夢—「大都會夢」。上世紀七〇年代末，賈亞瓦德納政府提出「大科倫坡計劃」。九〇年代末，庫馬拉通加政府擬定「科倫坡都市區域結構計劃一九九八」（Colombo Metropolitan Regional Structure Plan 1998）。本世紀初，拉尼爾·維克勒馬辛哈政府又提出建設「西區大都市」（Western Region Megapolis）計劃。

三個計劃的具體內容有所不同，但以科倫坡市為核心建立「南亞大都會」的目標是共同的。由於受當時客觀條件的限制，這幾個計劃都沒有付諸實施。

馬欣達·拉賈帕克薩執政後，借鑑有關建立科倫坡大都會的各種設想和方案，制定了科倫坡港口城發展計劃。可以說，港口城是斯里蘭卡建設大都市夢想的重要組成部分，也是斯里蘭卡歷屆政府領導人和有關專家學者智慧的結晶。

中國交通建設集團有限公司（以下簡稱「中交集團」）是中國乃至全球領先的，以基建設計、基建建設、疏濬及裝備製造為主業的多專業、跨國經

營的特大型國有控股上市公司，業務足跡遍及中國和其他八十多個國家和地區。為進一步擴大海外業務，中交集團同斯里蘭卡政府及其投資局、港務局就興建科倫坡港口城項目進行了誠摯和卓有成效的協商，並於二〇一三年十一月十一日簽署協議，決定投資開發港口城一期工程項目。項目工期三年，中方投資十四億美元，預計將帶動後期投資一百三十億美元。

港口城項目集圍海造地、土地開發和房地產開發為一體，建成後將成為科倫坡新的中央商務區。項目計劃填海造地面積二百三十三公頃。防波堤、陸域吹填、護岸、道路等基礎設施完成後，進行土地的一級開發，扣除公共設施用地，其餘土地由中交集團旗下中港公司與斯港務局按合約進行分配開發。

科倫坡港口城立足「商業中心、動感都市、花園城市、智慧城市、文化中心」五個定位，規劃建築面積五百二十萬平方米，容量為十六萬人；規劃建設國際購物中心、文化中心、五星級酒店、國際遊艇碼頭，以及超高層高檔寫字樓多座、高檔住宅三萬套，並提供學校、幼兒園、醫療、文化等生活配套設施。整個項目完工後，將創造八點三萬個就業崗位。

港口城是斯目前最大的外商投資項目，也是斯里蘭卡和中國「一帶一路」發展戰略對接項目。二〇一四年九月十七日，正在斯里蘭卡進行國事訪

問的習近平主席和拉賈帕克薩總統共同為港口城奠基揭幕、為開工剪綵。習近平特意走到中方建設者中間，要求他們以高度負責的態度，精益求精，按時保質完成任務，同斯方一起建設好這個二十一世紀海上絲綢之路重要樞紐。

港口城開工後，中國交建的兩條萬噸級大型挖泥船二十四小時不間斷作業，從距海岸十幾海里遠的海底耙吸取沙運到近海岸，在很短的時間內就吹填出二十三萬平方米新陸地。

為防止新吹填沙土流失，他們用三百八十萬方石料構築堅固的防波堤。石料從科倫坡以外三四十公里處運來，很快就有八十萬方運到現場。

一石激起千層浪

港口城項目二〇一四年九月動工後，一直在熱火朝天地進行之中。二〇一五年一月，斯新政府要求對港口城項目環評進行重新評估，並於三月五日以「缺乏相關審批手續」及「重審環境評估」等為由下令該項目暫停施工。很快，由總理、總檢察長及財政部、港務局和環境部門等多個部門官員組成的評估委員會成立，他們將在數週內發布科倫坡港口城評估最終報告。如果報告表明港口城項目對國家不利，項目就有可能會被叫停。

科倫坡的觀察家認為，港口城項目被叫停的主要原因有兩個：一是內政的需要，二是外部的壓

科倫坡港口城施工現場

力。國際輿論普遍認為中斯關係有可能遭遇挫折。他們的解讀是，由於中國在斯里蘭卡的投資，以及中國在周邊地區影響力的增強，引起了某些大國的嚴重關切。斯里蘭卡新政府考慮改變前政府所謂的「親中」政策，採取大國平衡政策，著重修復據認為被前政府損害的斯同印度的友好關係。在經濟外交上，斯將全力尋求亞洲開發銀行等國際金融組織及印度和日美等西方國家對斯投資，以便為重建及經濟社會發展提供最起碼的資金支持。在國內經濟社會方面，則主要以打擊貪污腐敗等為由，重審或叫停前政府通過的絕大部分外國貸款或投資項目，其中包括大部分中國貸款及投資項目。

港口城項目叫停在斯國內引起不同反應，有人為之叫好，也有人表示反對。

三月十日，上千名參與港口城項目建設的斯里蘭卡工人舉行集會，抗議政府的叫停決定，要求政府保障五千多工人的生計。

一些知名專家學者也提出了自己的看法。斯里蘭卡佩拉德尼亞大學教授達亞拉塔納・班達認為，科倫坡港口城停建不能被解讀為中斯關係的波折。

「科倫坡港口城停建不是中國的原因，」班達說，「而是斯里蘭卡現政府認為前政府在該項目上有很多問題沒有向斯里蘭卡民眾交代清楚，因此科倫坡港口城停建不能被視為中國與斯里蘭卡外交關係的摩擦。」

據媒體報導，決定中斯關係積極走向的基本面尚未受到影響。中斯兩國之間具有很多共同的利益，都在致力於發展和振興本國經濟，都在致力於創建海洋強國或海洋航運中心地位，也都在致力於走自己特色的國家發展道路。在這個大局下，中斯關係的更加積極的發展趨勢不會因雙方一時在具體事務上的磕磕碰碰而受到阻礙。經濟分析人士指出，叫停港口城項目不僅使中國公司蒙受巨大經濟損失，而且嚴重挫傷外商對斯投資信心，導致資金緊缺的斯里蘭卡經濟持續下滑，就業壓力空前加大，財政危機日益嚴重。過去一年來，在中斯互利合作陷於停頓的時候，斯里蘭卡政府高層頻繁穿梭於印度和日美等西方國家之間，急迫尋求新的貸款及投資來源填補資金空缺，以解經濟的「燃眉之急」。然而，當局的這些努力收效甚微。當前，斯里蘭卡正面臨嚴重的金融危機，債務危機已迫使斯政府向國際貨幣基金組織申請援助。國際評級機構惠譽此前將斯里蘭卡信用評級下調至 B+，評級展

建成後的港口城效果圖

望為負面。

　　二○一四年三月，斯里蘭卡探路者基金會執行主任拉克斯曼·斯里瓦德納說：「雖然我們並不能確定科倫坡港口城建設具體何時會恢復，但該項目是中斯兩國海上絲綢之路合作的一個重要組成部分，因此我們確信（該項目）不會就此停止。」

　　斯里蘭卡投資委員會主席烏普爾·賈亞蘇里亞對當地媒體表示，斯里蘭卡政府不會終止中國公司投資建設的科倫坡港口城項目，而是希望繼續推進這一迄今斯里蘭卡最大的外國直接投資項目。他說：「我們不會反對這個項目，也不希望這個項目因遭到反對而被廢止。」他希望港口城項目在補辦到期相關手續後繼續得以推進。

　　此間輿論指出，當前科倫坡港口城項目備受國際輿論關注，已成為斯里蘭卡投資環境「風向標」，重新啟動港口城項目有助於提振外商對斯投資信心，特別是吸引更多中國投資，抑制經濟下滑勢頭，同時深化中斯在各領域的互利合作，展示兩

國互利合作廣闊的發展前景。

中方堅持對話協商解決

中交集團對科倫坡港口城項目被叫停感到不解，但表示願意配合斯政府的調查並迅速向政府提供相關批准文件。

中國政府密切關注事態發展。二〇一五年三月六日，中國外交部發言人表示，希望斯方從斯國家發展的根本利益和保護中資企業赴斯投資的積極性出發，妥善解決有關問題，維護中方企業的合法權益。五月六日，外交部發言人再次表示：中國和斯里蘭卡是友好國家，雙方都高度重視發展彼此的關係。包括科倫坡港口城等在內的大型基礎設施合作項目，為促進當地經濟社會發展作出了積極貢獻。中國政府也一貫要求中方企業遵守駐在國法律法規。我們希望相關合作基於市場原則，實現互利共贏。前一段時期，斯政府對一些合作項目的國內程序進行審核評估，這是斯內政，我們表示尊重。在近期中斯雙邊高層交往中，斯方多次表示，期待中國進一步加強對斯合作。我們希望並相信有關項目能夠排除不必要的干擾，繼續穩步順利推進，為斯里蘭卡經濟社會發展作出貢獻，並有利於鞏固和加強中斯傳統友好合作關係。

中國駐斯里蘭卡大使易先良一直與斯方保持密切接觸。與此同時，中方先後委派外交部長助理劉

建超和外交部副部長劉振民作為政府特使於二○一五年二月和十月訪問斯里蘭卡，同斯領導人在親切友好的氣氛中就解決當前存在的問題交換了意見。

十月八日，劉振民特使拜會斯里蘭卡總統西里塞納，代表中國政府祝賀斯里蘭卡順利舉行議會選舉並成立新政府，表示無論國際、地區形勢和斯國內政局如何變化，中方將堅持對斯友好政策，並始終面向斯整個國家和全體人民。斯自由黨和統一國民黨都為推進中斯友好作出過重要貢獻，希望兩黨攜手組建的全國團結政府在西里塞納總統帶領下同中方共同努力，為中斯關係發展不斷注入正能量。雙方要密切配合，加緊落實習近平主席去年九月訪斯和西里塞納總統今年三月訪華達成的重要共識，以共建「二十一世紀海上絲綢之路」為契機，堅定推進重大項目合作，推動中斯關係不斷邁上新台階。

西里塞納總統說：斯中是友好近鄰。我擔任主席的斯里蘭卡自由黨與中國共產黨一直保持著密切往來，這一傳統可追溯到班達拉奈克總理及其夫人時代。中國不僅在斯經濟社會發展方面提供了長期幫助，在聯合國以及人權等國際和地區事務中也給予斯方寶貴支持，斯政府和人民深表感謝。我和斯新政府將繼續堅定奉行對華友好政策，願同中方一道努力，進一步加強斯中友好關係，堅定推進包括科倫坡港口城在內的各類合作項目，以帶動兩國在基礎設施建設、投資和民生等各領域的務實合作。

劉振民特使還拜會了斯總理維克勒馬辛哈。總理介紹了斯政府施政目標和經濟發展戰略，表示斯政府將大力吸引外資，發展自由貿易，繼續推進港口、道路、工業園區等基礎設施建設，力爭將斯打造成印度洋航運中心。他同時表示，斯將在推進發展戰略中繼續視中國為可依靠的重要合作夥伴。

峰迴路轉

　　二〇一五年三月十八日，斯里蘭卡內閣發言人拉吉塔‧塞納拉特納說，在當晚召開的內閣每週例會上，斯總理拉尼爾‧維克勒馬辛哈提出應允許科倫坡港口城項目進行防波堤建設，這一提議獲得通過。此間輿論認為，此舉朝著取消內閣早些時候宣布的暫停港口城項目施工的決定邁出了積極的一步。塞納拉特納說，維克勒馬辛哈在內閣會議上還表示，科倫坡港口城項目要儘快提交相關報告和文件，以幫助斯政府對整個項目作進一步處理，「一旦文件齊備，總理將會作出決定」。

　　十二月二日，斯里蘭卡總理維克勒馬辛哈在科倫坡證券交易所成立三十週年紀念儀式上發表講話稱，中國公司投資開發的科倫坡港口城項目重新開工及完工之後，斯政府將在港口城內建設首都科倫坡乃至南亞地區獨一無二的金融商業中心。他說，科倫坡港口城項目填海形成的新陸域具備建設金融商業中心的條件。

二〇一六年新年伊始，斯政府高層不斷釋放出積極信號，一再聲稱科倫坡港口城是斯里蘭卡國家「智能化」「技術化」及大都市發展的一部分，斯政府將繼續推動這一項目。

維克勒馬辛哈總理訪華前夕，斯輿論普遍認為，總理此行旨在修復新政府上台後兩國關係特別是互利合作遭遇的挫折，繼續推進兩國在各領域的互利合作。訪問期間，雙方討論的議題將會包括中斯自貿協定談判、工業園區投資建設及港口城項目等重大基建項目等。消息靈通人士紛紛預測，引人注目的港口城項目可望在維克勒馬辛哈啟程訪華前正式宣布重新啟動，以此顯示斯方對華友好的積極姿態，並為斯總理訪華營造良好氛圍。

三月八日，斯里蘭卡中央環境局最終通過了「（港口城）增補環評報告」——「環評問題」是一年前暫停正在施工的港口城項目的主要原因。中央環境局通過上述報告，實際上為港口城項目的重新啟動掃清了障礙。基於這個報告，斯內閣經濟管理委員會建議政府恢復港口城項目施工。

三月十四日，斯總理維克勒馬辛哈向中國駐斯里蘭卡大使易先良確認，中國公司投資開發的科倫坡港口城項目恢復施工的條件已經滿足，中方企業現在即可復工。中交集團下屬的科倫坡港口城項目公司當天也收到了復工通知。

四月六日至九日，斯總理拉尼爾·維克勒馬辛哈應中國國務院總理李克強邀請，對中國進行正式

訪問。四月九日，在雙方發表的聯合公報中，「斯方宣布批准科倫坡港口城項目恢復施工，將為項目實施提供便利和支持」。

中國外交部新任亞洲司司長肖千在向媒體談及科倫坡港口城項目時表示，中斯雙方同意進一步加快科倫坡港口城項目的全面復工速度。斯方已經宣布該項目復工，雙方將商討進一步的技術細節。

未來展望：現代南亞大都市

對於科倫坡港口城的未來，維克勒馬辛哈總理在北京對記者說，港口城建成後將「成為深圳」，一個擁有八百萬人口的國際化大都市。他表示：「港口城是經濟特區，優惠政策將參照深圳。」他還說，相比深圳，這個位於首都科倫坡的港口城更「特別」：享有經濟獨立和司法獨立，有自己單獨的商業法。經濟獨立和司法獨立幾乎是一個特別自治行政區的配置。

斯里蘭卡有著優越的地理位置和深厚的海洋發展歷史，是古代海上絲綢之路的重要節點。大道之行，始於足下。夢之未來，源於今朝。伴隨港口城和其他一系列中斯合作項目的建設，中斯友誼之船也將沿著二十一世紀海上絲綢之路乘風破浪、揚帆遠航。

篇 文流

佛牙雙會，盛況空前

相傳，佛祖釋迦牟尼逝世後，有兩顆牙齒舍利留在人間，一顆在婆羅摩多陀國，最後傳到斯里蘭卡；另一顆在烏萇國，最後傳到中國。

斯里蘭卡佛牙

斯里蘭卡《佛牙史》（Datha Vamsa）編撰於西元十二世紀。該書稱，婆羅摩多陀國得到佛牙後，盤陀國發兵來犯，圖謀強奪。婆羅摩多陀國國小力薄，只好拱手相讓。盤陀國得到佛牙後招來戰禍，國王命公主赫摩摩羅（Hemamala）和駙馬丹陀（Danta）護持佛牙，將它祕密送往羯陵伽國（Kalinga）。

那時候，師子國（斯里蘭卡）佛教盛行。丹陀夫婦相信，佛牙在師子國最為安全。西元三一一年，他們將佛牙藏在公主的金質頭套中，躲過官府盤查，逃離羯陵伽，到達師子國首都阿努拉特普拉，將佛牙交給了斯里麥卡瓦納國王（Sri Megha-warna）。國王如獲至寶，將它交與當時最大寺院——無畏山寺供養。佛牙很快成為師子國鎮國之寶和王權的標誌。

後來，師子國不斷遭到南印度幾個王國的入

侵，王都一再遷移，佛牙先後被送到波隆納魯瓦（Porunnaruwa）、貝利加拉（Beligala）和亞帕忽瓦（Yapahuwa）。一二七一年，南印潘地亞國再次入侵，劫走佛牙。後來，巴拉克拉馬巴忽三世（1298-1303 年在位）施巧計將佛牙從潘地亞人手中收回。

西方殖民者入侵後，佛牙屢遭劫難。科提王達馬帕拉（Dharmapala）皈依基督教後，佛牙被送往康提。康提王維馬拉達馬蘇里亞（Wimardhar-masuriya）專為佛牙修了一座三層大殿，即現在的佛牙寺。在此期間，荷蘭入侵者曾掠走佛牙，被佛教徒追回。康提國王拉賈辛哈（Kirti Sri Rajasingha）完成了前幾任國王開始製造的佛牙金罩。英國殖民者入侵康提時，佛牙再次轉移。一八一五年康提陷落，錫蘭成為英國殖民地。為籠絡人心，英國殖民當局將佛牙迎回佛牙寺。一八一八年錫蘭發生抗英起義後，英國殖民當局任命其駐康提代表為佛牙保護人，直到一八五三年後才把佛牙交給馬爾瓦杜和阿斯吉里兩派佛教長老和佛牙廟大管家（Diyawadana Nilame）保護。

中國佛牙

烏萇國佛牙來到北京也歷經磨難：先是從印度烏萇國（在今巴基斯坦境內）傳到于闐（今中國新疆和田）。西元五世紀，中國南朝高僧法獻從于闐

請佛牙至中原；隋代傳到長安。五代兵亂，佛牙隨
僧人避往遼都燕京（今北京）。《遼史・道宗本紀》
載稱，咸雍七年（1071 年）八月，燕國太夫人將
佛牙供奉到西山招仙塔內。這是佛牙來到北京後在
歷史上的明確記載。一九〇〇年招仙塔為八國聯軍
炮火所毀，僧人在塔基石函中發現佛牙，佛牙經歷
八百三十年後又重現於世。一九五五年中國佛教協
會將佛牙迎請到北京廣濟寺舍利閣供奉。一九六四
年，五十一米高、十三層、八角佛牙舍利塔在靈光
寺落成，佛牙隨即被請回永久供奉。同年六月十五
日，中國佛教協會邀請各地高僧大德在靈光寺隆重

北京靈光寺佛牙舍
利塔

舉行佛牙舍利塔開光法會，來自亞洲九個國家的佛教代表團和駐華使節出席了盛大慶典。

中國佛牙不僅是我國億萬佛教徒心中的無價之寶和崇高聖物，也是全世界所有佛教徒心中的崇高聖物。我國佛教界多次護送佛牙舍利赴緬甸、泰國等國供奉，受到僧俗大眾瞻仰禮拜。

班夫人請求迎請中國佛牙到錫蘭供奉

一九五七年中錫建交後，兩國關係得到迅速發展。一九六〇年，班達拉奈剋夫人當選總理後不久，即向中國政府提出迎請佛牙舍利供錫蘭廣大信眾參拜瞻仰，通過佛教交流增進兩國人民尤其是兩國佛教徒的傳統友誼。

中國政府欣然接受了班夫人的請求，並為此作出兩項決定：一是組成佛牙舍利護送團，由中國佛教協會會長喜饒嘉措、副會長趙樸初擔任正副團長；二是派專機護送佛牙到錫蘭。

專機護送佛牙——新中國民航飛機第一次跨海飛行

專機護送佛牙到錫蘭，這是新中國民航飛機第一次進行跨越海洋的飛行。中國民航局選定了當時性能最好的伊爾-18 型 204 號飛機和由周恩來專機機長張瑞靄帶領的技術精湛的機組執行這次任務。專機先後在密雲水庫和渤海灣上空進行了針對性訓

練，此後還進行過一次從北京到科倫坡的試航。

一九六一年五月二十九日清晨，試航機組駕駛204號飛機從北京出發飛往春城昆明。按照預定的試航飛行計劃，試航機組當天在昆明過夜，次日由昆明起飛，抵達仰光。五月三十一日八時十二分，試航機組從仰光起飛，經緬甸的勃生進入孟加拉灣，直飛錫蘭首都科倫坡。十二時三十九分，飛機安全降落在科倫坡的拉特馬拉納（Ratmalana）機場。

在拉特馬拉納機場，中國民航局代表團和試航機組受到了錫蘭有關當局負責人和中國駐錫蘭大使張燦明以及當地華僑代表的熱烈歡迎。

試航返程，飛機上搭載了擔負重要使命的客人，他們是由錫蘭政府特派、專程赴北京的迎奉佛牙舍利代表團。團長是錫蘭工業、內政和文化部駐議會秘書阿里亞達薩先生。

中方對錫蘭迎奉佛牙舍利代表團給予熱情周到的接待。廣濟寺為他們舉行法會。中國佛教協會舉行歡迎宴會，會長喜饒嘉措大師致辭強調：「一千五百多年來，中錫兩國佛教徒的往來和宗教事業上的合作是頻繁而有輝煌成就的。但是，為禮迎佛牙舍利而派遣使節，這在我們兩國佛教關係史上還是第一次。」他還說：「在佛陀涅槃二千五百年後的今天，保存在我們兩國的佛牙舍利能夠重新會遇在一起，這是一件空前的盛事。這件事說明中錫兩國人民擺脫了殖民主義和帝國主義的枷鎖之後，我們

之間悠久深厚的歷史友誼不僅獲得了恢復，並且有
了新的發展。」

六月六日下午，周恩來總理在中南海西花廳接
見以阿里亞達薩為團長的錫蘭迎奉佛牙代表團，高
度評價中錫兩國人民和兩國佛教徒之間的深厚友
誼。

中國佛牙舍利在錫蘭受最高禮遇

一九六一年六月十日清晨，北京風和日麗。中
國佛牙舍利護送團和錫蘭迎奉佛牙舍利代表團一
道，懷著虔誠敬重之心，將佛牙金塔和其他特製的
佛教用品請到 204 號專機上。安頓畢，專機從北京
首都機場平穩起飛，正式開始執行護送佛牙舍利的
任務。

專機飛到昆明上空時，數百名僧人在機場朝
拜。過境仰光機場時，等待朝拜的僧人更有數千之

班夫人（左2）等在機
場迎候佛牙。

佛牙舍利在車隊護送下離開機場,前往科倫坡獨立廣場供信眾參拜。

多。從空中俯瞰,好似一片黃色的海洋。

　　機長張瑞靄後來回憶說,從仰光前行俯瞰大地,藍色的海洋碧波蕩漾,海風陣陣掠過飛機雙翼,飛行十分平穩。與試航時一樣,機組每隔二十至三十分鐘就做一次定位,並密切注意周圍環境。在距科倫坡九〇公里處,錫蘭空軍四架戰鬥機迎面飛來,見到中國專機,即分成兩列,調頭為專機護航。專機抵達拉特馬拉那機場上空時,護航飛機才致意離去。

　　中國佛牙舍利在錫蘭受到國家元首般的禮遇。錫蘭全國放假一天,總督高伯拉瓦、總理班達拉奈剋夫人率領全體內閣成員在中國駐錫蘭大使張燦明的陪同下提前到機場恭候,機場內外人流如潮。專機停穩,喜饒嘉措團長、趙樸初副團長護侍佛牙緩步走下舷梯,踏上紅地毯。此時,機場上空鳴禮炮二十一響。總督和班夫人及全體內閣成員、三軍首

長與數十萬群眾一道，跪拜行禮。先是一陣肅穆，隨後是一片歡騰，僧俗高呼：「薩杜！薩杜！蘭卡！中國！」在高亢的鼓樂聲中，班達拉奈剋夫人從喜饒嘉措團長、趙樸初副團長的手中接過供奉佛牙舍利的金塔。

交接儀式後，佛牙舍利在一百餘輛汽車組成的車隊的護送下，被送往科倫坡的獨立廣場供信眾參拜。一路上，人如潮湧，爭相禮拜。

當晚，佛牙舍利即被送到距離科倫坡約一百三

北京靈光寺佛牙金罩

十公里的錫蘭佛教聖地—康提，供奉於佛牙寺。成千上萬的民眾匯聚到康提。

佛牙在錫蘭巡禮兩個月，到過錫蘭九個省中的八個，以及九個城市、十五個行政區，受到三百多萬民眾的虔誠瞻拜。

這次佛牙巡禮及雙方使節的往來在佛牙史乃至外交史上都是一件具有重要意義的大事。留在人間的兩顆佛牙相聚，象徵著南傳佛教和北傳佛教的融合統一和不同意識形態的諒解與默契。

八月十日，錫蘭總督高伯拉瓦、總理班達拉奈剋夫人及各部部長等到機場向佛牙拜別，由衛生部長護送佛牙回中國。

至此，佛牙在錫蘭供奉取得圓滿成功。劉少奇主席對斯里蘭卡駐華大使阿爾溫・伯納德・佩雷拉先生說：「為了滿足錫蘭人民瞻禮中國佛牙的願望，中國佛牙護侍團把在我國的佛牙送到錫蘭供奉，受到錫蘭政府和人民的隆重接待和熱烈歡迎。這生動地反映了兩國人民之間的傳統友誼。我深信，這種友誼今後必將獲得更大的加強和發展。」

友誼路上的留學僧

中國留學史上第一人

　　談到留學，如今有個說法：中國留學之風，始於清代，容閎是中國留學第一人。

　　這話沒錯。到美歐國家留學，容閎是第一人。但把眼光看遠一點就會發現，到外國留學，比容閎更早的，大有人在。

　　一千六百多年前，中國和印度、斯里蘭卡等國就有佛教交流，結下深厚的友誼，深受人們讚頌。古代中國，出國留學的主角是佛教僧侶。從四世紀起，中國僧人懷著求取真經的崇高理想，踏上了到西天取經的漫漫長路，寫下了中國留學史上可歌可泣的悲壯故事。

　　東晉隆安三年（399 年），高僧法顯六十五歲時，與另外四位僧人從長安出發去往「西天」取經，一路上不斷有人加入，一度增加到十一人。由於路途遙遠，環境險惡，有的悲愴而死，有的知難而退，最後堅持下來的，只剩法顯一人。法顯成為到達天竺（印度）的中國第一人，也是中國出國留學的第一人。

　　法顯在印度遊歷八年，禮拜了許多佛教聖蹟，得到百萬餘字的佛教經典之後，泛舟渡海來到獅子

國（今斯里蘭卡），在無畏山寺留學兩年，得到《彌沙塞律》及《長阿含經》、《雜阿含經》、《雜藏》等梵本各一部。義熙七年（411 年），法顯搭乘商船回到首都建康（今南京），後與印度高僧佛馱跋陀羅（Buddhabhadra）譯出佛經多部。八十歲時，他撰寫了《佛國記》一書，給後世留下一部研究西域及南亞地區古代歷史文化的重要文獻。

在南北朝以至隋唐時期，中斯雙方交往不絕。佛教典籍開始使用「留學」一詞。在唐朝，出家人到國外求法，被稱為「留學沙門」。據《大唐西域求法高僧傳》所載，唐朝時，前往獅子國學法和瞻禮佛牙、佛跡的人逐漸增多，其中知名的有義朗、明遠、窺沖、智行、慧琰、智弘、無行、僧哲等，另有玄游在獅子國出家。

到近代，由於列強的侵略，中斯間佛教交流幾乎停頓，但有識之士在艱苦的環境中仍孜孜不倦，探索前行。

清光緒二十三年（1895 年），大菩提協會（摩訶菩提會）創始人達摩波羅（Anagarike Dharmapala）來到上海，與中國著名佛教居士、學者、教育家楊仁山先生晤商復興佛教之事。一九一八年，中國著名佛教僧人太虛大師深感錫蘭佛教地位的重要，與法舫法師、李榮熙居士、葉均先生等先後到錫蘭朝聖、講學或求學，增進了中斯友好。太虛大師還出面組織「錫蘭佛教留學團」，派遣學僧到錫蘭學習巴利語和上座部教義。一九三五年，

九世班禪大師在上海覺園成立蒙藏學院，錫蘭納羅達（Narada）法師曾在此講授南傳佛法。納羅達法師與中方商定派送優秀僧人前去錫蘭學習，路費由中方負擔，中國學僧在錫蘭的費用由錫方解決。留學僧惟幻、法周、慧松、唯實、岫盧等五人在錫蘭學習非常用功，品學雙優，取得了好成績。

新時期中國留學僧

上世紀八〇年代以來，中斯兩國佛教友好交流日益增多，中國佛教協會曾分別邀請斯里蘭卡三派佛教大長老到中國進行友好訪問。中國佛教協會多位領導也多次應邀訪問斯里蘭卡，與斯佛教界進行廣泛交流。

改革開放以後，中國大陸掀起出國留學的熱潮，許多中國青年僧人也受到這一潮流的帶動，紛紛效仿法顯大師，有的公費，有的自費，前往斯里蘭卡留學，續寫了中國佛教留學僧史上的新篇章。

一九八七年四月二十五日，班禪大師在人民大會堂會見以阿難陀（左2）、錢達難陀（左1）兩位大長老和佛牙寺總管維傑亞拉特納先生為首的斯里蘭卡佛教代表團一行。（供圖：中新社）

為了培養佛門人才，中國佛教協會會長趙樸初可謂嘔心瀝血。一九八六年四月，斯里蘭卡羅　羅（Walpola Rahula）大長老和維普拉薩拉（M. W. Pulasara）大長老一行三人訪華，對中國佛教寺院進行了廣泛考察。在會見趙樸初會長時，他們表示願接收中國學僧到斯里蘭卡研習。同年十一月，由中國佛學院選派的圓慈、廣興、淨因、學愚、建華等五位學僧前往斯里蘭卡留學。行前，趙樸初會長親切地會見了他們，勉勵他們要以法顯法師為榜樣，為促進中斯友好和佛教文化交流而勤奮學習。為給學僧提供必要的學習條件，趙樸初會長為學僧增加了補貼，解決了他們面臨的困難。趙樸老還親筆寫信給時任中國駐斯里蘭卡大使周善延和當地華僑領袖張德煥居士，希望他們給予關照。

　　五位學僧不負眾望，先後在聖法佛學院、佛教巴利語大學、國立凱拉尼亞大學佛教巴利語研究生

二○一五年十月，斯里蘭卡佛教代表團參加在中國無錫舉行的第四屆世界佛教論壇。

院學習，並以優異成績獲得學士、碩士學位，其中兩位還獲得博士學位。

一九九二年二月二十四日，趙樸初會長在北京廣濟寺會見中國佛學院赴斯里蘭卡留學歸來的五位比丘，對他們取得的優異成績表示祝賀和讚賞。

此後，中國佛教協會繼續向斯派出了數十名留學僧。值得一提的是，二〇〇二年八月和二〇〇七年七月，中國佛教協會分兩批共派出十二人赴斯學習。這是中國佛教協會歷史上第一次選派南傳佛教比丘到斯里蘭卡留學，主要目的是為中國南傳上座部佛教培養弘法人才，同時也為南傳上座部佛學院培養高級師資力量。斯里蘭卡佛教部以及智增佛學院院長阿庫拉提亞・南達大長老和凱拉尼亞皇家大廟佛學院院長馬欣達・僧伽拉西塔大長老等視此次中國南傳上座部佛教青年比丘到斯里蘭卡留學為斯中兩國佛教友好交流史上的一件盛事。他們不僅為中國學僧的學習和生活作了周密安排，還委派專人負責學僧的日常聯繫工作。

二〇〇九年三月十一日，斯里蘭卡佛教主要派別之一的阿斯羯利派向正在斯里蘭卡訪問的中國佛教協會副會長刀述仁頒發榮譽學位證書。阿斯羯利派長老高度讚揚刀述仁副會長長期以來為傳播佛教文化和促進斯中佛教交流所作的貢獻。

改革開放後二十多年裡，斯里蘭卡給中國佛教界培養了不少人才。據不完全統計，截至二〇〇五年，中國留學斯里蘭卡的學僧總人數已有七十三

人，其中多人已學成回國，在佛教弘法、教學和研究等領域施展他們的知識和才能。

鄧殿臣

赴斯留學的隊伍中，有一個人不能不提，他就是鄧殿臣。鄧殿臣是我的大學同學。一九六一年九月，他從河北、我從湖南一同考入北京外國語學院（今北京外國語大學）亞非語系僧伽羅語專業。畢業後，我去了外交部，他留校當老師。此後我們倆很少見面，但經常聽到他的消息。例如他當了僧伽羅語教研室主任、教授、亞非語系總支書記，中國南亞學會理事，中國亞非教學研究會理事，中國佛教文化研究所特邀研究員，等等。他曾多次到斯里蘭卡進修。只有那時，我們才難得地見上一面。他對斯里蘭卡語言文化很有造詣，翻譯出版了斯里蘭卡中長篇小說《月光下的愛情》和《斯里蘭卡古代歷史故事》。

我同鄧殿臣最後一次見面，是在維普拉薩拉大長老的葬禮上。

維普拉薩拉大長老是中國駐斯里蘭卡大使的老朋友，我作為僧伽羅語翻譯，同維長老多有接觸。

維普拉薩拉長老在芒特拉維尼亞有自己的寺廟─聖法塔寺，並擔任該寺住持。他還兼任世佛聯、世界佛教僧伽會、印度摩訶菩提協會的秘書長。維長老身材不高，但很壯實，走路穩重快捷，

說話妙趣橫生。他是世界著名的宗教活動家，國際上一些大型的佛教活動往往都有他參與。他又是一位知名的畫家，擅長佛教題材。我們有時稱他為「藝術和尚」。

維普拉薩拉長老對華友好，曾多次訪華，與中國佛協會長趙樸初居士是幾十年的老朋友。上世紀八〇年代，經他邀請，趙樸老選派五名青年學僧赴斯留學。後來又有多人到他的寺廟和佛學院學習，其中就包括鄧殿臣老師。

周善延、張瑞傑、張聯、張成禮等數任中國駐斯大使，有時去拜會維普拉薩拉長老，請他關照中國學僧。一九九二年七月，維長老到中國訪問兩週。訪問歸來，他興致勃勃地與張聯大使談及他的觀感和會見趙樸初會長的情景。那時，他身體還很硬朗。沒想到，一年後傳來噩耗，維普拉薩拉長老圓寂。

我和鄧殿臣對維普拉薩拉辭世都感到震驚和悲痛。參加完葬禮，我和鄧殿臣又聊了聊各自的近況。他說他正在維普拉薩拉長老的佛學院學習巴利文。我覺得詫異，教僧伽羅語的老師怎麼學起巴利文來了？經追問，原來這與一九九一年趙樸老給中國佛教文化研究所提出的一個任務有關。

早在四〇年代，趙樸老就已經請夏丏尊、樓適夷等幾位先生通過日文、英文版的《南傳大藏經》轉譯過一部分《南傳藏經》，編輯出版了一部《普匯大藏經》。後來，趙樸老看到季羨林先生發表的

文章，說轉譯容易背離原意，直接從巴利語翻譯才能準確表達原典的內容。趙朴老很贊同這一看法，希望能按這樣的要求直接譯出一部《南傳藏經》來。

到了九○年代，泰國、緬甸及香港佛教界人士分別贈送了幾部巴利文《南傳藏經》給中國佛協。一九九一年，趙朴老便向中國佛教文化研究所講了他的夙願，吳立民所長遂把這個項目列入了研究所的總體規劃。

設想歸設想，真要幹起來，首先遇到的問題就是人才。當時中國懂巴利語的人屈指可數，而且都有自己的事，都很忙。要辦這樣一件大事，誰心裡都沒有底，不敢放下手頭的工作去翻譯《南傳藏經》。

有人提出先搞一個「基金會」，說有錢才能辦事。可當時的實際情況是，各種基金會不少，真正願意出錢贊助的人不多，許多基金會成績都不很顯著。有鑑於此，有人提出另外一種想法：先做些事，讓人們看到我們的願心與能力，使他們支持這項工作。

鄧殿臣最先響應這一想法。他是學僧伽羅語的，又在斯里蘭卡住過一段時間，他僧伽羅語很好，可那時還沒學過巴利文。為了以行動響應趙朴老的號召，他向當時正在北大留學的斯里蘭卡僧人威瑪萊那坦尼（Wimalarathana）學習巴利文，並與他合作直接從巴利文翻譯出《長老尼偈》，由金陵

刻經處出版。

出於翻譯《南傳藏經》的需要，鄧殿臣也來到維普拉薩拉長老的佛學院學習巴利文，那是一九九三年。第二年，我在使館又見到他的妻子、首都師範大學英語老師趙桐，她也在斯里蘭卡學巴利語和佛學，據說是鄧殿臣讓她來的。鄧殿臣為了實現趙朴老的夙願，是真正下定了決心，一片赤誠，令人感動。

一九九四年，我去了印度，鄧殿臣回國，我們再沒有聯繫。後來聽說，他與佛教研究所制定了一個翻譯計劃——他，還有另外幾位法師、居士分別翻譯出四五部南傳佛經。這對大家是一個鼓舞。

沒想到，正當大家滿懷信心的時候，兩年後，五十六歲的他突然撒手西去了，留下一大堆遺稿、筆記，還有他未完成的遺願！

噩耗驚動了趙朴老。雖然趙朴老並沒見過鄧殿臣幾面，但知道他一直為翻譯《南傳藏經》忙碌著，很讚賞他這種精神。因此，儘管自己還在醫院養病，趙朴老仍為鄧先生寫了輓聯：

「通聲明而達內明，堪稱博學英才，又弱一個。積世智以臻大智，所願翻經妙手，乘願再來。」

趙朴老對這副輓聯是否作過解釋，我不清楚。我的理解是：鄧殿臣是一位老師，善於用僧伽羅語傳授學問，繼而又通過內省通曉佛教，真是一個博學英才，他走了，真可惜！現在，我們要集聚眾人

智慧，形成大的力量，讓翻譯巴利文的行家裡手繼
承鄧殿臣的遺願，把《南傳藏經》之事辦好！

　　我們懷念鄧殿臣，緬懷他對中斯佛教文化交流
所作的貢獻。

文化交流絢麗多彩

中國和斯里蘭卡都擁有悠久的歷史和燦爛的文化，兩國文化和人文交往源遠流長。一九七九年八月十五日，兩國簽訂《中華人民共和國和斯里蘭卡民主社會主義共和國政府文化合作協定》。二〇〇五年八月三十日，兩國又重新簽署了文化合作協定。

在文化合作協定框架下，在兩國政府文化部門的推動下，中斯文化交流發展順利，在表演藝術、文物保護、廣播影視、佛教、體育等領域的交流與合作全面展開。

「漢語熱」持續升溫

如今，走在斯里蘭卡的街頭，時不時會有人突

二〇一五年四月二十五日，第 14 屆「漢語橋」世界大學生中文比賽斯里蘭卡賽區預賽在科倫坡成功舉辦。圖為參賽選手和嘉賓合影。

然冒出一句「你好」「謝謝」之類的中文詞彙。碰到司機、商人、服務員，也經常有人請求你教他們幾句中國話。隨著中斯經濟合作的迅速發展，赴斯旅遊的中國旅遊者日益增多，斯里蘭卡民眾學習漢語的熱情持續高漲。

二〇〇七年五月，斯凱拉尼亞大學成立孔子學院。每年報名參加「漢語橋」大中學生漢語比賽的人數不斷增多。二〇一五年，斯里蘭卡中學生赴華參加決賽階段比賽，取得了蘭卡多年來的最好成績。

中國國際廣播電台斯里蘭卡蘭比尼廣播孔子課堂是經孔子學院總部授權，由中國國際廣播電台、中國國際廣播電台斯里蘭卡蘭比尼聽眾協會合作建立的，是斯里蘭卡第一家廣播孔子課堂。課堂於二〇〇九年七月二十八日正式揭牌成立，八月三日試開課，十月十五日全面展開課堂教學。二〇一二年，該課堂在斯里蘭卡正式註冊為 NGO 機構。

中國國際廣播電台斯里蘭卡蘭比尼廣播孔子課堂正式成立後，即按斯里蘭卡實際需求，開設了不同類型的漢語班，包括初級班、提高班、速成口語班等。所有的課程都有僧伽羅語和英語兩種授課形式供學生選擇。課堂現有班級十八個，包括零起點學生及已經學習漢語六個月、十八個月的學習者。斯里蘭卡人學習中文的興致很高。該課堂的少兒班學員來自斯里蘭卡首都的各個中小學，成人班不僅有政府公務員、商務人士，還有斯里蘭卡各個大學中文系的學生。

留學中國

中國十分重視斯方經濟社會發展對人才的需求，不斷增加向斯里蘭卡提供培訓和獎學金名額，鼓勵斯里蘭卡學生自費赴中國留學。目前，有二千多名斯里蘭卡學生在中國留學，分布在北京、天津、上海、廣東、海南、湖南、湖北、四川、雲南等地。其中，在天津醫科大學就讀的人數最多。

天津醫科大學是中國教育部最早批准招收外國留學生的高等院校之一，教育規模居中國西醫院校首位。目前，該校有一千三百多名留學生，生源遍布五十六個國家和地區。斯里蘭卡有近五百名留學生在該校就讀，是該校留學生人數最多的國家。天津醫科大學還與斯里蘭卡教育基金會簽署了在斯里蘭卡開辦天津醫科大學分校和天津醫科大學腫瘤醫

院的項目協議。

天津醫大校長郝希山高度評價斯里蘭卡留學生的在校表現。他說，二〇一〇年度在天津醫科大學畢業的斯里蘭卡留學生回國參加行醫執照考試，取得了全國第一、二名的好成績。

近年來，每逢斯傳統節日—僧伽羅和泰米爾新年（相當於中國的春節，時間為每年的公曆 4 月 13 日、14 日），天津醫科大學斯里蘭卡留學生都要與來自印度、尼日利亞、尼泊爾等五十多個國家的近六百名學生舉辦留學生國際文化藝術節。他們與中國學生一起表演具有異國特色的歌舞，展出他們的繪畫、攝影、手工藝作品，濃郁的文化氛圍把新年聯歡襯托得有聲有色。

旅遊交流方興未艾

八百多年前，旅行家馬可·波羅遊歷斯里蘭卡時發出了這樣的驚嘆：「錫蘭是世界上最完美的島嶼，世界上很少有島嶼可以與之媲美！」

斯里蘭卡前駐華大使阿穆努加馬說：「這裡除了雪，什麼都有！」這個地處印度半島南端的島國，被稱為「印度洋明珠」。它擁有美麗的自然景觀、歷史悠久的城市以及令人神往的佛教文化。斯里蘭卡幅員不大，面積六萬五千六百一十平方公里，只相當於兩個海南島，但她的歷史文化遺產十分豐富，被聯合國教科文組織列入世界遺產名錄的

文化遺產地有六處，此外還有兩處自然遺產地。

　　早在二○○○年，斯里蘭卡總統庫馬拉通加夫人就提出，希望中國將斯里蘭卡列為旅遊目的地國。二○○一年，斯總理特使賈亞蘇里亞訪華時同中國有關部門就此進行了協商。二○○三年，兩國旅遊主管部門簽署旅遊合作諒解備忘錄，斯正式成為中國公民出國旅遊目的地國。

　　二○○五年以來，隨著科倫坡與中國多個城市間開通直航航線，以及斯里蘭卡在中國幾個主要城市設立領事館，中國赴斯里蘭卡旅遊的人數大幅度增加。二○一五年，中國公民赴斯旅遊達二十一點五萬人次，比上年增長百分之六十七點六。

　　斯里蘭卡旅遊促進局負責人表示，中國已成為斯里蘭卡第二大客源市場，斯里蘭卡非常重視中國遊客並努力提高中國遊客在斯里蘭卡的體驗。為滿足中國遊客的出行需求，斯里蘭卡提供多方面便

二○○四年，在中國國際廣播電台僧伽羅語廣播開播三十週年慶祝會上，老同志們獲頒榮譽狀。

利，除了在航班上配有空中翻譯，當地也提供中餐服務，希望未來有更多中國的遊客赴斯里蘭卡體驗異域風情。

斯政府旅遊發展部長阿馬拉通加說，斯里蘭卡擁有豐富的自然資源和燦爛的歷史文明、豐富而獨特的自然及人文景觀。斯政府高度重視旅遊業的發展，希望把旅遊業打造成斯里蘭卡國民經濟的龍頭產業。為此，今後幾年，斯里蘭卡將把對中國市場的拓展擺到頭等重要的位置，希望藉助世界第一大出境游市場——中國旅遊市場的帶動，全面提升斯里蘭卡的旅遊發展水平。

電波傳友誼，中斯情意長

一九七五年一月一日，中國國際廣播電台（CRI）僧伽羅語廣播正式開播。作為對外廣播大家庭中的一員，四十多年來，僧伽羅語廣播不斷發展，節目內容日益貼近聽眾，節目形式愈加活潑生動，已成為斯里蘭卡聽眾了解中國最直接、最有效的途徑。

中國國際廣播電台科倫坡節目製作室總監王曉東說，CRI 僧伽羅語廣播部受眾涵蓋斯里蘭卡各個階層、各個年齡段，其中既有學者、教師、學生、農民，也有僧人、公司職員以及政府官員。截至二〇一五年底，CRI 僧伽羅語廣播在斯里蘭卡擁有七百八十三個聽眾俱樂部，聽眾約三十萬，遍布斯里

中國國際廣播電台台長王庚年與斯里蘭卡總理賈亞拉特納共同啟動 CRI 科倫坡調頻台開播儀式。

蘭卡全國各地。

二〇一〇年七月二日，中國國際廣播電台 CRI-SRI LANKA FM102 調頻台開播。斯里蘭卡總理迪薩納亞克‧賈亞拉特納作為主賓出席開播儀式並致辭。

CRI 僧伽羅語廣播部主辦的僧文報《友誼橋》（Subhasara）創刊於二〇〇四年初，從創刊之日起就受到廣大斯里蘭卡受眾的熱烈歡迎和廣泛好評。

王曉東滿懷感激地說：僧伽羅語廣播部一直得到斯里蘭卡政府和人民的關心和支持。最近十年來，斯里蘭卡總統、總理、議長及多位部長都接受了我們的採訪，給予我們多方面的指導。斯里蘭卡駐華大使熱心參加僧伽羅廣播部舉辦的活動。中國

國際廣播電台與斯里蘭卡有關部門進行了卓有成效的交流與合作。

斯里蘭卡總理維克勒馬納亞克代表總統向王曉東授予總統獎。

王曉東說，僧伽羅語廣播有今天的輝煌，得益於斯里蘭卡朋友的大力支持。巴特拉·古納蒂拉克女士、阿利亞旺薩·巴蒂拉賈先生、蘇內德拉·拉賈卡魯拉那亞克女士、希拉那特那·塞拉拉特先生、門德格·阿貝塞格先生、英德拉南德·阿貝塞格先生、拉維馬爾·罕杜瓦拉先生、阿諾佳·迪薩納亞克女士、查杜卡·迪瓦塞那先生、昌德納·迪拉克拉特納先生、朱拉貝·賀拉特先生、迪爾尚·帝斯拉吉爾迪先生先後來到僧伽羅語廣播部工作，為提高僧伽羅語播出質量和製作水平貢獻他們的智慧和力量。

北外與斯里蘭卡的教育文化交流及合作

北京外國語大學（原名北京外國語學院，簡稱「北外」）與斯里蘭卡的教育交流及合作歷史可以追溯到半個世紀以前。一九六一年，北外開設僧伽羅語專業時，得到了中斯兩國領導人的親切關懷和指導。時任錫蘭總理班達拉奈剋夫人親自選派僧伽羅語專家到北外任教。周恩來總理曾就商務印書館出版《僧漢詞典》等多部非通用語詞典事宜作了相關批示。

北外僧伽羅語專業是中國培養僧伽羅語專業人才的重要基地，同時也是促進中斯教育交流與合作的重要機構之一。五十多年來，該專業已經為國家培養了一批又一批優秀人才。他們當中，有的出任過駐外大使、參贊等高級外交職務，有的活躍在新聞廣播戰線，成為有名的記者、編輯、譯審，有的從事僧語教學工作，成為教授、副教授，等等。

進入二十一世紀以來，隨著中斯友好合作關係的不斷發展，北外與斯里蘭卡之間教育交流與合作的步伐不斷加快，層次不斷提高，並取得了較好的成績。

二○○六年十月，斯里蘭卡教育部長蘇錫爾·普雷馬賈揚達和斯駐華大使訪問北外，並代表斯政府向北外僧伽羅語專業捐贈書籍等學習材料。

二○○七年二月，在中斯兩國最高領導人的見證下，北外與斯里蘭卡凱拉尼亞大學簽署校際交流

備忘錄；斯里蘭卡總統馬欣達‧拉賈帕克薩邀請北
外校長及僧伽羅語專業全體師生參加在釣魚台國賓
館舉行的中斯建交五十週年招待會。

　　二〇〇七年九月，應斯里蘭卡高等教育部邀
請，以二〇〇六級僧伽羅語專業師生為主的北外師
生代表團成功訪問斯里蘭卡，受到斯總統、高等教
育部長、外交部副部長的接見。斯國家電視台、電
台和報紙等媒體對代表團進行了全程跟蹤報導。

　　二〇〇七年十一月，斯里蘭卡凱拉尼亞大學師
生代表團訪問北外。

　　二〇〇七年十二月，斯里蘭卡凱拉尼亞大學校
長訪問北外，與北外共同探討兩校未來教育交流與
合作發展方向。

　　二〇〇八年九月，在中國國家留學基金委和斯
里蘭卡高等教育部的大力支持下，北外二〇〇六級
僧伽羅語專業十四位學生赴斯里蘭卡凱拉尼亞大學

二〇〇七年九月二十一日斯里蘭卡《每日太陽報》頭條：北外師生代表團訪問斯里蘭卡

進行為期半年的學習生活。這是中斯教育交流史上兩國政府首次大規模資助中國學生赴斯進修學習。通過學習，學生們不僅提高了語言水平，還加深了對斯里蘭卡國情、社會、文化等各方面的了解和認識。

二〇一一年六月，北外舉行「中斯友好‧斯里蘭卡知識競賽」。斯里蘭卡駐華使館、中國人民對外友好協會等單位負責人出席競賽活動。

二〇一一年六月，北外與斯里蘭卡科倫坡大學簽訂校際交流協議，拓寬了北外與斯里蘭卡高等教育機構之間交流與合作的渠道和平台。

二〇一一年八月，斯里蘭卡總統馬欣達‧拉賈帕克薩訪問北外，接受了北外授予的名譽博士學位，並為北外斯里蘭卡研究中心揭牌，還親自擔任該中心名譽主任。北外斯里蘭卡研究中心是目前中國專門研究斯里蘭卡的重要機構之一，也是中國唯

一一家得到斯里蘭卡政府官方認可和重視的有關斯里蘭卡的研究機構，斯里蘭卡高等教育部長、外交秘書（副部級）、中國駐斯里蘭卡大使等擔任中心顧問。

二〇一一年十月，斯里蘭卡教育部長班杜拉·古納瓦德納和駐華大使訪問北外，向北外斯里蘭卡研究中心贈送僧伽羅語圖書資料，並與北外領導就雙邊合作與交流進行了深入探討。

二〇一四年九月，習近平主席對斯里蘭卡進行了歷史性訪問。在習近平主席和馬欣達·拉賈帕克薩總統共同見證下，中國國家漢辦和斯里蘭卡科倫坡大學共同簽署了合作設立科倫坡大學孔子學院的協議。北外作為該協議合作方成員之一，積極參與科倫坡大學孔子學院建設工作，並為之作出了貢

北京外國語大學授予拉賈帕克薩總統名譽博士學位。

獻。

二〇一五年十二月，「一帶一路：中國與斯里蘭卡—斯里蘭卡高級政務研修班」在北京成功舉辦。本次研修班由北外和斯里蘭卡公共行政與管理部、招商局蛇口工業區控股股份有限公司聯合主辦，斯里蘭卡國家發展管理研究院、北外斯里蘭卡研究中心、北外絲綢之路研究院共同承辦，是中斯兩國友好合作、大學與企業協同創新的成果體現。斯里蘭卡駐華大使科迪圖瓦庫宣讀了西里塞納總統的賀信，高度評價北外僧伽羅語教研室、斯里蘭卡研究中心為促進中斯教育文化交流作出的貢獻。

斯里蘭卡駐華使館非常關心和支持北外僧伽羅語專業的發展。使館官員經常來北外看望僧伽羅語專業學生，參加僧伽羅語專業的重要活動。使館還經常邀請北外僧伽羅語專業學生參加使館的重要活動，如斯里蘭卡駐華大使館參與組織的「法顯的足跡——紀念法顯西渡斯里蘭卡一千六百週年學術研討會」以及使館舉辦的斯里蘭卡傳統新年慶祝活動等。

北外僧伽羅語專業師生利用自身的語言優勢，積極參與有關外事活動和中斯教育文化交流。斯里蘭卡總統、總理、部長及重要代表團訪華期間，北外僧伽羅語專業師生曾多次擔任翻譯、聯絡工作，得到中斯雙方有關部門和單位的讚賞。

北外僧伽羅語專業在中斯友好交往中發揮了積極作用，並將繼續為促進雙邊教育文化交流與合作

不遺餘力。

「歡樂春節」活動成為品牌

　　「歡樂春節」活動是中國在斯里蘭卡開展的規模最大的文化活動。

二〇一六年「歡樂春節」活動中，斯里蘭卡四十名舞蹈演員首先表演了傳統的迎賓舞蹈，表達對中國藝術團的歡迎。

海南三亞太陽鳥藝術團在二〇一六年「歡樂春節」活動中呈現的海上絲路音樂會。

二〇一一年十二月，廣西北海歌舞劇院在新落成的斯里蘭卡國家表演藝術劇院演出大型歷史舞劇《碧海絲路》。圖為斯總統拉賈帕克薩和中國全國政協副主席張梅穎與演員們合影。

二〇一三年，吉林省文化藝術團訪斯並演出；二〇一四年，山西省歌舞劇院「黃河情韻」演出團訪斯；二〇一五年，甘肅省文化廳組派「敦煌韻·絲路情」藝術團訪斯；二〇一六年，海南三亞太陽鳥藝術團在斯舉辦「海上絲路音樂會」。這些活動為斯民眾帶來了春節的歡樂和祝福，在當地產生較大的反響。

中國文化中心

斯里蘭卡中國文化中心的成立是中斯文化交流中的一件大事。二〇一二年六月四日，中國文化部長蔡武與斯里蘭卡文化藝術部長艾克納亞克在北京共同簽署了《中華人民共和國政府和斯里蘭卡民主社會主義共和國政府關於在斯里蘭卡設立中國文化

中心的諒解備忘錄》。

　　二〇一四年九月，正在斯里蘭卡進行國事訪問的中國國家主席習近平與斯里蘭卡總統拉賈帕克薩共同為斯里蘭卡中國文化中心揭牌。這是中國在南亞地區設立的首個文化中心。

　　中心運營以來，開展了系列活動，包括「美麗天津」綜合晚會、美麗天津——芭蕾精品蘭卡行、「視覺中國·洲際行」中國水墨藝術展、「歡樂春節」海南三亞太陽鳥藝術團演出等，促進了中斯文化交流與合作，進一步增進了兩國人民之間的相互了解。

來自斯里蘭卡的眼角膜給中國盲人帶來光明

千枚角膜寄深情

平常人如果陷入黑暗，也會陡生恐懼與不安，更不用說那些在黑暗中度日如年的盲人。他們的內心是何等的煎熬，他們多麼渴望光明！

資料顯示，目前中國五百萬盲人中，有近一百萬人其實是可以通過角膜移植「重見天日」的。但由於供體角膜缺乏，全國各大醫院每年的角膜移植手術不到四千例。

眼角膜，是中斯人民之間傳遞情感的特殊使者和紐帶。近十年來，斯里蘭卡累計向中國捐贈一千多枚眼角膜，使眾多中國眼疾患者重獲光明，受益者遍布北京、上海、天津、深圳、廣州、廈門、福州、蘇州、昆明、成都、重慶、西安、哈爾濱、大慶、南寧、長沙、宜昌、合肥、鄂爾多斯、瀋陽、海口、台灣和香港等地。

那是二〇〇七年二月二十五日，兩枚眼角膜在斯里蘭卡眼科捐獻協會會長伊蘭格妮·德席爾瓦女士的護送下，空運到達北京。中國紅十字會隨即將眼角膜轉交北京同仁醫院。

這兩枚眼角膜非同尋常，它們是斯里蘭卡總統拉賈帕克薩和夫人訪華時帶給中國的珍貴禮物。在

釣魚台國賓館舉行的眼角膜捐贈儀式上,拉賈帕克薩總統深情地說:「這是我作為總統,對中國的第一次訪問。我這次訪問的第一件事,就是代表斯里蘭卡人民向中國人民贈送兩枚眼角膜。」他的這番話,感動了在場的所有中國人。

這兩枚眼角膜的捐贈者是一位年過半百的斯里蘭卡老人,他二月二十三日因心臟病醫治無效不幸逝世。他的家人陷入深深的悲痛之中,但他們沒有忘記老人生前的囑託──將他的眼角膜捐贈給斯里蘭卡國際眼庫。

兩天后,同仁醫院做了兩例移植手術,使一名十八歲女孩和一名二十多歲的男子重見光明。

二〇一一年十一月二十七日早晨,中國器官捐獻管理委員會副主任委員、深圳市慈善總會曉明眼庫基金創始人、中國著名角膜移植專家姚曉明博士風塵僕仆地飛抵合肥,將五隻珍貴的來自斯里蘭卡的眼角膜捐贈給安徽省紅十字眼角膜庫。

當天下午,在合肥普瑞眼科醫院,經過五個小

時的手術，五名患者成功移植了來自斯里蘭卡的眼角膜。安徽工業經濟學院的十九歲女孩小鄧三年前患上圓錐角膜，視力急遽下降，世界在她面前就是模糊一片，這不僅影響了她的學習，也給她的生活帶來很大的煩惱。為此，小鄧的父母四處求醫，尋求眼角膜，最終與安徽省紅十字眼角膜庫取得聯繫。

手術後第二天的複查顯示，小鄧的視力已有顯著的提高，由原來的 0.04 上升至 0.25。小鄧高興地說：「能看清東西，真是一件幸福的事，我真沒想到讓我重獲光明的是來自外國友人的眼角膜。我非常感謝斯里蘭卡友人的無私捐助，給了我看清世界的希望。」

二〇一四年八月十日，斯里蘭卡國際眼庫與成都愛迪眼科醫院簽署合作協議。從那年起，斯里蘭卡國際眼庫每年向成都提供五百枚眼角膜。按中國每年做五千例角膜移植手術計算，這個數量要占全國的十分之一。

當天下午，一名來自攀枝花的十七歲彝族少年接受了斯里蘭卡捐贈角膜的移植，成為這一協議的第一位受益者。

二〇一四年九月，習近平主席訪斯期間，斯里蘭卡總統夫人施蘭蒂向習主席夫人彭麗媛贈送了十枚眼角膜。彭麗媛女士當場接受了這份珍貴的禮物，隨後將其轉贈給廈門大學附屬廈門眼科中心。

在廈門大學附屬廈門眼科中心，來自漳州的蘇桂華成為第一位受益者。不到一小時，手術順利結

斯里蘭卡國際眼庫向廈門眼科中心移交十枚眼角膜。

束。蘇桂華的兒子激動地說：「母親患角膜營養不良已有二十餘年了，多年來看到的世界全是模糊的。我媽媽的願望就是看清楚全家人的模樣。」

據醫生介紹，由於一枚角膜可以為一到三個人移植，所以，這十枚角膜中還將有一部分可能飛往各地，造福更多的患者。

向斯里蘭卡學習

斯里蘭卡是一個小國，但是，在眼角膜捐贈方面，她是一個大國。我們應該向她學習。

斯里蘭卡眼角膜捐贈義舉始於一九五八年。那一年，哈德森・席爾瓦還只是一名醫學院在讀學生。看到盲人經受的痛苦，他立志開展募集眼角膜的活動。一九五九年，哈德森募得第一批角膜。一九六一年，他成立斯里蘭卡眼睛捐贈協會，不久又成立了國際眼睛銀行。

在斯里蘭卡國際眼睛銀行的倡導下，斯里蘭卡二千萬人口中，一百二十萬人與眼庫簽訂協議，允

諾死後志願捐獻眼角膜。到二〇一〇年，斯里蘭卡共向五十七個國家、一百四十多個城市捐獻眼角膜七萬多個，十四萬人因此重見光明。除此以外，還捐贈了三萬多個眼角膜用於醫學科研工作。

哈德森醫生取得如此驕人的業績，最主要的原因是他發現並發掘了斯里蘭卡人民特別是佛教徒內心的「善」。上善若水，長流不息。席爾瓦博士等一批人巧妙結合宗教理念，幾十年如一日，不辭勞苦，奔走呼號，推動宗教界、政界、文化界人士進行示範性捐贈。

在斯里蘭卡六點五萬平方公里的土地上，他們設有四百五十多個聯絡處，幾乎每個鄉村醫生都在國際眼庫得到過專業培訓，確保在逝者去世後四個小時內完成意願詢問、捐贈簽署、球體摘取並第一時間送達眼庫。

斯里蘭卡國際眼庫有專人值守電話，電話對全世界開放。如果某地急需一枚眼角膜並提出請求，他們會立即核實並著手提供幫助。

塔納瓦蒂是一位八十歲的老人，生前，她早早地同眼庫簽下協議，允諾死後捐出眼球。結果，她的眼球被送到了中國。

採集角膜時，她的家人也在場。二十歲出頭的孫女哈麗達觀看了整個過程，她說：「聽說奶奶的眼角膜會捐獻給中國，我感到非常高興。這意味著可以為失明的中國朋友帶去光明。」

這是哈麗達第一次觀看採集眼球，她不僅沒有

害怕，反倒感到欣慰。她說，奶奶肯定也會支持這種行為，因為她生前就已簽署了捐贈眼球的協議，希望自己在死後還能作一點貢獻。

哈麗達說，這是他們的一種信仰，不僅僅是角膜，很多人都願意在死後捐獻身體其他器官，「這是我們的一種奉獻，奉獻自己，成就他人」。

她說，她家不僅僅是奶奶，其他人也都簽了協議。她所在的村子幾十戶人家裡，大部分人也簽了這樣的協議。

哈麗達說，以後她老了，也會去眼庫簽一份協議。「雖然身體死了，但還能通過別人的眼睛，再次看到這個世界，這也是一種重生。」

斯里蘭卡國際眼庫的工作細緻入微。執行捐贈協議，眼睛銀行要同死者家屬充分協商，取得他們的同意。採集死者眼球有嚴格的程序：工作人員用小型擴張器將死者眼皮輕輕撐開，用棉簽蘸取藥水消毒，用小剪子將眼球周圍組織剪斷，最後輕輕夾取眼球，包好，裝進小瓶。然後，工作人員用兩個小圓球分別放入死者眼眶，再合上眼皮，以防止眼部塌陷，影響死者的容貌。這樣做，既顧及死者的容貌，更是對死者的尊重。眼球採集完畢，工作人員列隊向死者鞠躬致謝，並說：「您的生命，會在這兩枚眼角膜中復活。」

斯里蘭卡眼角膜捐贈活動受到斯領導人的推崇。斯里蘭卡國際眼庫成立後，他們紛紛與眼庫簽下了捐贈眼角膜的協議。前總統賈亞瓦德納、前總

理班達拉奈剋夫人逝世後，都把眼球捐給了眼庫。據我所知，前總統拉賈帕克薩和現總統西里塞納也都簽署了無償捐贈角膜志願書。

哈德森醫生把自己的一生獻給讓盲人重見光明的事業，在斯里蘭卡和世界許多國家贏得很高的讚譽。一九九九年十月，哈德森醫生在科倫坡逝世。他逝世後，妻子伊蘭格妮·德爾瓦繼承丈夫的事業，使眼角膜和人體器官捐贈活動得到了進一步發展。

二〇一四年九月，在對斯里蘭卡進行國事訪問之際，習近平主席在斯里蘭卡《每日新聞》報發表題為「做同舟共濟的逐夢夥伴」的署名文章，其中專門提到：「自古以來，中斯兩國人民友好交流、相扶相濟，留下了許多歷史佳話。近年來，中國越來越多的眼疾病人接受了來自斯里蘭卡眼庫的角膜捐贈，重見光明，開啟了心靈之窗。中國人民對斯里蘭卡人民的真摯情誼銘記在心。」這是習主席的肺腑之言，也是中國人民的心聲。

大象傳友誼

神奇的大象

　　獅子在斯里蘭卡絕跡後，大象成了這裡的森林之王。二〇一一年九月，斯里蘭卡公布首次全國範圍野生大象普查結果，當時生活在該國境內的野生大像有五千八百多頭，仍屬瀕臨滅絕的物種之一。由於斯里蘭卡地方不算大，大象的數量相對較多（占世界大象總數的 7%）。

　　大像在斯里蘭卡被視為吉祥之物。在佛教教義中，它是「神獸」，具有特殊的宗教和文化含義。在宗教遊行中，特別是康提佛牙節遊行中，大象總是擔當重要角色。

　　佛牙節遊行又稱「大象遊行」，幾十頭、百把頭大像一個個披紅掛綠，在舞者和吹鼓手的簇擁下，邁著方步，在遊行隊伍里昂然前行，場面蔚為壯觀。這當中，最顯眼的是「象王」，來自佛牙寺。在每年七八月舉行的佛牙節遊行中，它背上馱負著佛牙金塔，神聖而莊嚴。前任「象王」擔任此職五十一年，一九八八年七月十六日去世後，它的遺體被做成標本，安放在陵墓中，接受佛教徒的祭拜。

　　斯里蘭卡是「以象為尊」的國家，人民對大像有特殊的感情。他們認為，贈送大像是崇高的禮

節，代表友善和敬意。四十多年來，斯里蘭卡先後贈送給中國三頭錫蘭象。據說，北京動物園的外國像一共才七頭，斯里蘭卡就占三頭，說明了斯里蘭卡對中國的友善和真誠。

家喻戶曉的「米杜拉」

「米杜拉」這個名字，對於很多四十歲以上的北京朋友來說，可能並不陌生。

一九七二年六月，斯里蘭卡總理班達拉奈剋夫人訪華時，帶來一位特殊的使者，它就是被班達拉奈剋夫人稱為「中斯兩國友誼象徵」的小象——「米杜拉」。六月十八日，在北京首都體育館舉行了隆重的贈象交接儀式，周恩來總理和班達拉奈剋夫人親自出席並發表了熱情洋溢的講話。

對這位友誼的小使者，斯里蘭卡非常重視，班達拉奈剋夫人結束訪問回國前，還專程來到北京動物園看望它。七月十一日，班夫人給北京動物園領導寫信，「感謝北京動物園給予小象『米杜拉』的一切注意和關心，希望『米杜拉』能夠成為北京動物園的一個具有吸引力的娛樂源泉」。班夫人離京前，還特意留下了一位老飼養員和一位馴獸師在北京動物園進行指導。

北京動物園上上下下對這個來自遠方的小朋友都給予了最好的照顧，「米杜拉」在北京動物園開始了無憂無慮的新生活。

和同齡的小象相比，「米杜拉」有著深色的皮膚，體型也偏瘦。它喜歡和人開玩笑，經常用它那特有的武器——長鼻子吸了水，趁飼養員不注意的時候噴他一下，這種惡作劇在「米杜拉」看來也許是一種很有意思的遊戲。正因為它的「淘氣」和「叛逆」，「米杜拉」每天都享受著格外的關注。它個頭長高了，體重也增加了，成了北京動物園的小明星。全國各地的動物愛好者和遊客慕名前來參觀。北京動物園的舊象房也因展出班達拉奈剋夫人贈送的「米杜拉」而聞名遐邇。

　　「米杜拉」在北京動物園生活了八年。一九七九年，它被送往天津水上公園。二十九年後，為了讓人們了解它的近況，中央電視台《重訪》欄目精心製作了一檔節目《友誼的使者——小象「米杜拉」》。不幸的是，當節目即將製作完成時，從天津動物園傳來消息：（2008 年）5 月 2 日早晨，打掃衛生的飼養員看到，從來不躺下睡覺的「米杜拉」躺下了，而且再也沒有站起來。逝世時，「米杜拉」三十七歲。

　　「米杜拉」走了，它把自己的一生獻給了斯中友誼，我們永遠不會忘記！

表演明星「阿拉麗雅」

　　斯里蘭卡贈送給中國兒童的第二個珍貴禮物是「阿拉麗雅」。

一九七九年九月，「阿拉麗雅」剛滿八個月，就由普雷馬達薩總理作為禮物贈送給中國兒童。「阿拉麗雅」本來是來給「米杜拉」配對的，但它倆沒有緣分。「米杜拉」去了天津水上公園，「阿拉麗雅」則作為北京動物園的表演明星長期住在北京。

　　「阿拉麗雅」清心寡慾，生性倔強，對異性非常挑剔，當了多年的「單身貴族」。從一九九六年開始，北京動物園就開始忙活「阿拉麗雅」的「終身大事」。二○○二年，北京動物園向全國發出「徵婚啟事」，並帶著它先後到石家莊、天津、濟南等動物園相親。最終，「阿拉麗雅」和比它小三歲的濟南動物園的「亞昆」結成夫妻。

　　現在，阿拉麗雅已經步入中年，仍生活在北京動物園，和另一頭雌性亞洲象住在一起。由於多年沒有上台表演，「阿拉麗雅」明顯發福了。

生性活潑的「米蓋拉」

　　斯里蘭卡贈送給中國兒童的第三個珍貴禮物是「米蓋拉」。和「米杜拉」「阿拉麗雅」不同，它不是出生在動物園，而是出生在斯里蘭卡平納瓦拉大象孤兒院（Pinnawela Elephant Orphanage）。

　　平納瓦拉大象孤兒院始建於一九七二年，一九七五年搬遷到現址，專門收養在叢林中失去母親的幼象，或患有傷病的大象。這是世界上第一個大象

大象孤兒院

孤兒院，也是世界上最有名的大象繁育中心。目前，生活在孤兒院中的大像有一百頭左右。它們受到工作人員的精心照顧，按時進食、散步、遊戲、洗澡、睡覺，有些還在這裡生兒育女。小象成年後，大都要接受「工作培訓」，如搬運木材。「智商」較高的，由馴象師進行專門訓練，讓它們熟悉指令，聽懂幾個外語詞彙，表演節目，掌握與遊客互動的「分寸」。平納瓦拉大象孤兒院已成為斯里蘭卡著名的旅遊景點。

　　「米蓋拉」在平納瓦拉大象孤兒院出生，受多年培訓。它被拉賈帕克薩總統選中，作為「國禮」贈送給中國。它是平納瓦拉大象孤兒院裡享受如此殊榮、擔負崇高使命的「第一象」。

　　二〇〇七年二月二十五日下午，「米蓋拉」乘

專機先期抵京。據飼養員介紹,「米蓋拉」去北京,斯里蘭卡特意給它做了兩套衣服:一套是日常「家居服」,另一套是豪華「禮服」。

二月二十六日下午,正在中國訪問的斯里蘭卡總統拉賈帕克薩和夫人來到北京動物園,出席小象贈送儀式。拉賈帕克薩總統發表了熱情洋溢的講話,他說:「大像是斯里蘭卡人民最熱愛的動物。小象『米蓋拉』代表著我們對中國人民和中國兒童的愛,相信在你們的關心和照顧下,『米蓋拉』一定會很快適應在北京的新家。」

全國人大常委會副委員長顧秀蓮代表中國政府接受了捐贈,並和拉賈帕克薩一起給「米蓋拉」餵食。由於天氣寒冷以及初見生人的緣故,「米蓋拉」

二○○七年二月二十六日,斯里蘭卡總統拉賈帕克薩(左1)向北京動物園贈送五歲小象「米蓋拉」。(供圖:中新社)

顯得很羞澀，遲遲不肯從象房中出來。飼養員幾經努力，最終，在香蕉的誘惑下，身披紅色絲絨象衣的「米蓋拉」緩緩走到了捐贈台前。

為了迎接「米蓋拉」的到來，北京動物園進行了精心準備。副園長張金國說，由於斯里蘭卡目前氣溫在三十五度左右，動物園對「米蓋拉」的住所進行了改造，使溫度保持在二十五至二十八度之間。此外，還專門從廣州、南寧運來上千斤的椰子樹葉等大象喜愛的食物，確保「米蓋拉」能夠吃得開心。

飼養員擔心「米蓋拉」孤獨，就安排他和雌性非洲象「晶晶」住在一起。「晶晶」像個慈愛的大姐姐一樣照顧「米蓋拉」，隔壁的雄性非洲象「壯壯」對它也很友好。

後來，「米蓋拉」又和包括「阿拉麗雅」在內的兩頭雌性亞洲象住在一起，可頑皮的「米蓋拉」漸漸長出象牙後，不斷地挑逗兩頭雌象。它用小小的象牙在雌象身上劃出了很多道小口子，常常被兩頭雌象好好地教訓一頓。

現在，十五歲的「米蓋拉」住在單獨的展區裡，還配有一個游泳池，令其他大象羨慕不已。

我們衷心祝福「阿拉麗雅」和「米蓋拉」健康、快樂！

四十頭大象列隊迎接中國元首

　　二〇一四年九月十六日中午，習近平主席和夫人彭麗媛等乘專機抵達班達拉奈克國際機場，開始對斯里蘭卡進行國事訪問。當習主席的車隊緩緩駛出停機坪，只見道路兩端的旗桿下各有一頭披掛鮮豔綵衣、體型格外魁梧的成年大象在佇立「致敬」，大象背上的青年一人高擎斯里蘭卡國旗，一人高擎中國國旗，身著白衣白帽，英俊威武。

　　在習主席車隊行經道路的一側，領頭大象的身後，身披各色綵衣的四十頭大象，有的還帶著活潑的小寶寶，溫順地一字排開，緩緩前行，身姿優雅，長鼻抬起，向客人致意。這些大象是乘坐大卡車從斯里蘭卡各地來到這裡的。它們從早晨六點一直等到中午，為的是迎接尊貴的中國客人。

　　大象象徵吉祥，用大象迎接尊貴客人，早已有之。不過，用四十頭大象迎賓，則絕無僅有。這充分體現了主人的一片真誠。

在中國創業的蘭卡小夥阿努拉

　　下面我要介紹一位小小企業家。他是中國功夫的愛好者，學得一手好武藝，卻半路下海，白手起家，艱辛創業，開創了一片屬於他自己的新天地。

　　他叫阿努拉（A. M. M. Anurabanda），一九七五年十一月二十二日生於斯里蘭卡首都科倫坡。

功夫小子

　　那是一九九四年初。一天早上，使館文化處負責人顧洪興對我說：「老江，我請你去看一場武術比賽。」「看蘭卡人的武術比賽？」我有點猶豫。出於對朋友工作的支持，我還是同意了。

　　比賽由斯里蘭卡武術協會組織，在蘇伽達達薩體育館舉行。會長是一位中年人，剃個光頭。選手則是清一色的中學生。別看孩子們年紀小，一招一式還真像回事。會長向我們介紹那位特別出眾的孩子，他叫阿努拉。這個名字在蘭卡非常普遍，我就記住了。這是我同他的第一次接觸。

　　我退休後，時不常地應邀參加斯里蘭卡駐華使館的活動。二〇〇四年斯里蘭卡新年，我在斯駐華使館第二次見到阿努拉，聽他談起他來中國留學的經過。阿努拉說，他家裡兄弟六人，他排行老五。

四個哥哥都喜歡練習中國武術，他從小就模仿哥哥，學習武術動作，受到大人們讚揚。十六歲那年，阿努拉正式拜師習武。三年後，他獲得了斯里蘭卡的全國武術冠軍。同年，他以全校第一名的分數考上斯里蘭卡一所大學的企業管理專業。就在這個時候，另一個機會悄然而至，北京體育大學給了斯里蘭卡一個獎學金名額。

「機會總是留給有準備的人，」阿努拉說。他一路過關斬將，取得中國駐斯里蘭卡大使館的現場面試機會，憑藉優異的文化成績和突出的武術功底，最終獲得了這寶貴的獎學金名額。

一九九五年七月，阿努拉帶著家人為他省下的二百美元，隻身來到武術的故鄉—中國，成為北京體育大學武術專業的學生。由於熱愛，他把刻苦的訓練當成了樂趣。功夫不負有心人，六個月後，阿努拉參加武術「通級賽」，順利獲得了中國「國家二級武士」，一年後，一九九七年，他又成功地成為中國「國家一級武士」資格。那時，他來中國還只有兩年。

聽了阿努拉的故事，我夫人文麗好奇地問：「當年你為什麼放棄在國內上大學的機會，而來中國留學呢？」他回答得很簡單：「小時候，我酷愛中國功夫片，特別是李小龍的電影。受這些電影的影響，我從小就嚮往中國。」

阿努拉對中國文化入迷。除了武術，他還先後學習了相聲、京劇、快板等中國傳統曲藝。二○○

二年，中央電視台舉辦第四屆國際京昆票友電視大賽，全世界的中國戲曲愛好者近千人報名參加。阿努拉作為斯里蘭卡選手，憑藉京劇《西遊記》選段「孫悟空三借芭蕉扇」中的孫悟空一角，一舉奪得本次比賽的金獎。尤其是他耍的猴棍，贏得評委和觀眾的讚嘆。

二〇〇六年，阿努拉結識了相聲表演藝術家丁廣泉，並拜他為師。從此以後，他幾乎每個週末都會去師父那裡學習相聲。丁廣泉說：「阿努拉是我的正式弟子。他也是我在亞洲收的第一位學生，來自斯里蘭卡，很有特色。他學相聲就像學武術一樣，非常刻苦，特別認真。」為了讓阿努拉打好漢語基本功，丁廣泉把他和加拿大留學生大山說相聲的彔音帶送給了阿努拉，讓他模仿。結果，阿努拉聽這兩盤彔音帶，把磁帶都差不多磨光了，聽不出

阿努拉在工作。

聲音了，可見他用功的程度。

甜蜜的愛情

　　一九九七年，阿努拉大學畢業了。他選擇留在中國，吸引他的，不光是中國文化，還有一位中國姑娘—北京體育大學的同學潘霞。

　　阿努拉說，他和潘霞的相識很偶然。那天，他們在訓練場上相遇。初次見面，阿努拉有點羞澀和緊張，潘霞卻很大方地主動和他打了招呼。

　　「你會說英語麼？」潘霞問。

　　「沒問題，我可以教你英語，」阿努拉說。

　　「那就這樣吧，以後你教我英語，我教你漢語。」聽潘霞這麼一說，阿努拉顯得非常激動，也很緊張。因為他平時忙於訓練和學習，很少跟女生說話的。為了緩解緊張情緒，阿努拉立即跑到一邊去跳台階練彈跳去了。

　　從此，他們互幫互學，阿努拉的漢語、潘霞的英語都有長進。他們的感情也不斷昇華。

　　第一次看望未來的丈母娘和老丈人，阿努拉鬧了個小笑話。

　　那天，他跟潘霞去她的老家江西。去之前，潘霞對阿努拉說，見到我父母，你就叫「伯父」「伯母」。阿努拉沒怎麼認真聽，心想我已經是你的男朋友，你父母就是我父母。

　　進了潘家的門，潘霞一個勁兒地喊「媽」「爸」

「弟弟」，阿努拉也跟著喊「媽」「爸」「弟弟」。阿努拉這一叫，把兩位老人都搞糊塗了：不是說有個外國同學想來家裡一起過年，感受一下中國過年的氣氛嗎，怎麼叫上「爸媽」了呢？潘霞費了好大的勁兒才把他們的故事說清楚。

這是他們彼此的初戀，雙方都十分珍惜這份感情。畢業後，潘霞被分配到南京工作，這一走就是四年。而阿努拉則來到中國人民大學學習國際政治本科。在這期間，阿努拉天天同潘霞通電話，有時還去南京團聚，電話和車票花費就超過三萬元。直到今天，阿努拉還在電腦裡精心保留著和潘霞從相戀到現在的每一段記憶。阿努拉說：「到今天為止，我給妻子寫的信、她給我寫的信、從相愛到現在我們一起去過的公園門票、我以前去看她的時候坐火車的車票，我都保存著。」

阿努拉用三年時間完成了中國人民大學四年的本科課程，還考上了該校的企業管理研究生。二〇〇三年，阿努拉完成了他的研究生學業。他說，要想在中國紮根、和中國人做生意，自己就要不斷學習，更深入地了解中國文化、了解中國人。

同年，阿努拉和潘霞結婚，定居北京。

阿努拉是個非常孝順的女婿。岳母胳膊疼，他會給貼膏藥。他還會帶岳父去剪頭髮，去澡堂搓澡。

阿努拉現在有兩個孩子，他們都繼承了父親的天賦。大兒子正在練武術和擊劍。小兒子兩歲多，

只要看著哥哥練，也會跟著學，現在已經會輪滑了。

成功的商人

　　阿努拉的第一份工作是在一家斯里蘭卡企業任中國區首席代表。為了更好地挖掘自己的潛能，阿努拉辭去了這份待遇優厚的工作，決定自己創業。

　　做什麼呢？他想到了蘭卡寶石。不過，做寶石生意，前期投資很大，他沒有這個能力。他又想到了錫蘭茶。錫蘭茶聞名於世，它影響了斯里蘭卡的歷史，支撐著她的經濟，滲透到人民生活的方方面面。阿努拉決定做紅茶生意。有一年，斯里蘭卡總

江勤政（右）與阿努拉合影。

理訪華，偶然從電視上看見阿努拉正在用僧伽羅語說「新年好」。當總理得知這是一位文武雙全的斯里蘭卡留學生後，便在釣魚台國賓館召見了阿努拉。總理希望阿努拉在中國推廣錫蘭紅茶，推動中斯之間的文化交流。這更堅定了阿努拉在中國做紅茶生意的決心。

阿努拉二〇〇六年開始經商，成立了自己的公司——北京哈文迪經貿有限公司和「斯里蘭卡英伯倫茶葉」平台。二〇〇九年，他創立了英伯倫茶葉網上商城。二〇一一年七月，他成為《茶精品》雜誌的顧問。

阿努拉主要從事以斯里蘭卡紅茶為主的食品貿易。目前，他的公司已成為斯里蘭卡出口中國紅茶企業中規模最大的商家之一。

剛開始的時候，包括他在內，公司只有三個人，而現在員工已經達到三十人左右。他幾乎打通了全國所有省市的銷售渠道，在每個省市都有銷售網點。最近，公司還新設立了超市營銷部，他們已經和北京市三百五十三家超市簽署了合作協議，未來還將和北京以外的主要省市超市建立聯繫。除此以外，阿努拉還非常重視網絡營銷，目前公司已擁有網站十二個。

一九九五年，阿努拉帶著自己的功夫夢來到中國，現在二十年過去了，他已經從一個功夫小子轉變成了一個成功的商人。阿努拉說，做生意特別忙，他已很久沒有練武或是說相聲了，總覺得對不

起老師。打電話解釋，丁廣泉老師卻很理解。丁老師說：「我教學生並不是為了讓他們都當相聲演員，也不是要讓他們回國去說相聲，而是通過學習相聲讓他們掌握漢語，理解中國的文化，成為文化交流的使者。因為茶文化、武術文化以及中國的說唱藝術都是有很深的淵源的，完全可以融合在一起。阿努拉現在已經做到了，所以他現在所做的一切我很滿意。我希望他的生意越做越好，通過他的事業促進中國和斯里蘭卡人民之間的友誼，在斯中文化交流中發揮橋樑作用。」

我同維達人近距離接觸

維達人（Veddahs），舊譯「吠陀人」，是斯里蘭卡原住民，人類學家說他們是世界上最古老的民族之一。史料記載，早在斯里蘭卡島與印度次大陸分離之前，維達人的祖先就已生活在印度中部一直到斯里蘭卡的廣袤土地上。

西元前五世紀前後，次大陸北部的雅利安人（僧伽羅人的先民）和次大陸南部的特拉維茶人（泰米爾人的先民）來到斯里蘭卡，維達人被擠到

原始維達人

中部山區。十六世紀開始，葡萄牙、荷蘭和英國相繼入侵，特別是英國人在中部山區大規模開闢種植園以後，維達人被迫退居被分割成一小塊一小塊的森林，生存環境惡化，人口銳減。二十世紀初，維達人僅剩三千多人，估計目前只有千八百人。

我對這個民族一直懷有一種崇敬之心，因為他們曾經創造過引以為豪的文明。我對他們也有幾分好奇：二十一世紀了，他們怎麼還留在深山老林，過著半原始的生活？我總想接近他們，親眼看看他們的生存環境和生活狀況。

二○○二年十月，斯里蘭卡文化部長洛庫班達拉邀請我去他的選區巴杜拉參加活動。我們由當地政府代理人普雷馬達薩引領，途經馬赫揚伽拉（Mahiyangala）附近的森林，參觀了維達人的一個村寨。這是中國外交官第一次與維達人面對面接觸。

平靜祥和的維達村寨

我們來到維達人已故族群領袖蒂薩哈米（Uru Warige Tissahamy）的故居。迎接我們的是他們的酋長，五十多歲，中等身材，蓄著鬍鬚，赤腳，上身赤膊，下身穿沙籠，左肩扛一柄砍斧。見面時，他雙手拉著我的手，向下一甩，算是完成了見面禮節。坐定後，他說維達語，通過翻譯同我交談，內容很簡單，但態度很親切。酋長介紹了他的這個村

寨，三十來戶人家，有的從事狩獵，有的養蜂，也
有人在山裡種點作物。人們留戀大山，這是他們的
秉性。他們已故的領袖以及他本人有時應邀參加政
府舉辦的活動，與僧伽羅人保持一定的接觸，但普
通村民很少有人走出大山。

　　這位酋長的接待室算是村裡最「豪華」的建
築：牆是泥糊的，屋裡有一個很大的泥椅子和一張
泥桌子，牆上掛了很多照片，包括蒂薩哈米和他本
人的照片。椅子上放了幾瓶蜂蜜。除此之外，就別
無他物了。簡陋歸簡陋，屋子卻收拾得乾乾淨淨。

　　俗話說，一方水土養一方人。生活在這裡的人
們看來並不感覺艱辛。有媒體報導，一個叫塔拉瓦
裡格・卡盧・阿普的維達老人已一百歲，還耳聰目
明。他能長壽，也許是心情好、環境好的緣故吧。

維達人的信仰和習俗

維達人保存有母系氏族制殘餘和萬物有靈信仰。他們的宗教活動，加入了佛教和印度教元素。

維達人實行一夫一妻制，男子婚後在妻子家居住。維達人的婚姻關係十分嚴格，婚後不能再接觸其他異性。女人在丈夫死後，可以和她已故丈夫的兄弟結婚；同樣，男人的妻子死後，也可以和已故妻子的姐妹結婚。寡婦不願再婚，可留在娘家，也可投奔婆家；她和她的子女會受到雙方族群的呵護，而不會受到歧視。

維達人能走出大山嗎？

為了拯救這個瀕臨消亡的民族，斯里蘭卡政府一直設法把他們遷移到新開闢的灌區定居，以改善他們的生存條件。有些人聽安排，去了。但另外一些人還不大情願，擔心適應不了外面的世界。他們的領袖蒂薩哈米生前說過：我出身森林，我的先人也來自森林，我們是森林人。我願在這裡活著，也願在這裡死去。來世我如果能投胎到這裡，哪怕是做蒼蠅、做螞蟻，我也感到高興。

走出森林的人，有的已融入世俗社會。他們當中，還出了大學生，雖然只是鳳毛麟角，但這是維達民族的希望所在。

臨走時，酋長邀請我們觀看他們的「文藝表

演」，十多個村民跳的都是打獵的動作，唱的大多
是動物的叫聲。他們跳啊，唱啊，很開心，我們也
很開心。

　　我們衷心祝福維達人保持他們的民族特性，同
時也過上現代人的生活。話又說回來，維達人生活
在大山外，一定比生活在大山裡感覺更幸福嗎？

後——記

　　為介紹中國同「一帶一路」有關國家的友好合作關係，五洲傳播出版社協同外交筆會策劃出版包括《中國和斯里蘭卡的故事》在內的「我們和你們」叢書，具有重要意義。

　　二〇一七年，我們將迎來中國和斯里蘭卡建交六十週年和中斯貿易協定簽訂六十五週年，《中國和斯里蘭卡的故事》的出版恰逢其時。外交筆會把編寫這本書的任務交予我，我深感榮幸。

　　追尋中斯關係的歷史軌跡，講述兩國人民的友好故事，是我寫這本書的初衷。

　　我曾長期從事對斯工作，通曉斯里蘭卡民族語言，熟知那裡的人民和他們的燦爛文化。我出過兩本關於斯里蘭卡的書，寫過一些文章，積累了一些資料。我曾以為，寫這樣一本書不難。

　　但是，真到動筆的時候，我犯難了。中斯關係史，跨越古今兩千年，歷史事件和歷史人物以及兩國當代的合作壯舉，林林總總，數不勝數。所有這一切，翻來覆去在我的腦際打轉。我迷惘了，不知從何寫起。

　　我不得不耗費了更多的時間重新整理資料。在研讀資料的過程中，我發現兩千年的中斯關係中有三條主線：

　　一是海上絲綢之路。據中國《漢書·地理志》記載，兩千多年前，世界上最早的一段海上絲綢之路就已形成，斯里蘭卡是那段絲綢之路的終點。古羅馬歷史學家普林尼在他的巨著《自然史》一書中記述了斯里蘭卡派往古羅馬帝國的使節談及斯里蘭卡與外國貿易關係，特別是斯里蘭卡與中國貿易的情況。海上絲綢之路見證了不斷發展的中斯關係，它是中斯兩國共同歷史遺產。

　　二是斯里蘭卡與中國的千年佛緣。西元四〇六年，斯里蘭

卡高僧曇摩到達中國，向當時的晉朝皇帝贈送了一尊玉佛像。四一〇年，中國高僧法顯來到斯里蘭卡，研習佛經兩年。從那時到現在，一六〇〇多年，斯中佛教交流生生不息、薪火相傳，成為我們兩國傳統友誼的紐帶。

三是斯里蘭卡（錫蘭）獨立和中華人民共和國成立以後，中斯關係得到了前所未有的發展。我們兩國患難與共，相互支持，相互信任，成為全天候的朋友。中國政府堅定支持斯里蘭卡維護國家主權獨立和領土完整，支持斯里蘭卡政府發展經濟的努力。斯里蘭卡無論是以自由黨為主體的歷屆政府，還是以統一國民黨為主體的歷屆政府，都堅持對華友好政策，致力於發展中斯各領域合作。斯里蘭卡支持恢復中華人民共和國在聯合國的合法席位，在涉及中國核心利益的問題上，給予一貫明確的支持。

依照這三條主線，完成了這本書的寫作，我為此感到欣慰。

在編寫《中國和斯里蘭卡的故事》的過程中，我得到了五洲傳播出版社的具體指導，斯里蘭卡駐華大使科迪圖瓦庫閣下、北京外國語大學亞非學院副院長馬仲武先生、中國駐斯里蘭卡大使館文化處主任劉東先生、中國國際廣播電台僧伽羅語頻道總監王曉東先生為我提供了有關資料和圖片，此外，經王嶔生大使同意，我選用了他《一個大使的成長與思考》一書中有關斯里蘭卡的部分段落。聯合國前副秘書長沙祖康大使為《中國和斯里蘭卡的故事》撰寫了序言。對以上朋友的幫助，我謹表示衷心感謝。

江勤政
二〇一六年 七月

一帶一路研究叢刊　AA301008

中國和斯里蘭卡的故事

作　　　者	江勤政	
版權策畫	李煥芹	
責任編輯	呂玉姍	

發 行 人	陳滿銘
總 經 理	梁錦興
總 編 輯	陳滿銘
副總編輯	張晏瑞
編 輯 所	萬卷樓圖書股份有限公司
排　　版	菩薩蠻數位文化有限公司
印　　刷	維中科技有限公司
封面設計	菩薩蠻數位文化有限公司

出　　版　昌明文化有限公司

桃園市龜山區中原街 32 號

電話 (02)23216565

發　　行　萬卷樓圖書股份有限公司

臺北市羅斯福路二段 41 號 6 樓之 3

電話 (02)23216565

傳真 (02)23218698

電郵 SERVICE@WANJUAN.COM.TW

大陸經銷

廈門外圖臺灣書店有限公司

電郵 JKB188@188.COM

ISBN 978-986-496-464-2

2019 年 3 月初版

定價：新臺幣 500 元

如何購買本書：

1. 轉帳購書，請透過以下帳戶

　合作金庫銀行　古亭分行

　戶名：萬卷樓圖書股份有限公司

　帳號：0877717092596

2. 網路購書，請透過萬卷樓網站

　網址　WWW.WANJUAN.COM.TW

大量購書，請直接聯繫我們，將有專人為您

服務。客服：(02)23216565　分機 610

如有缺頁、破損或裝訂錯誤，請寄回更換

國家圖書館出版品預行編目資料

中國和斯里蘭卡的故事 / 江勤政著. -- 初版.

-- 桃園市：昌明文化出版；臺北市：萬卷

樓發行, 2019.03

　　面；　　公分

ISBN 978-986-496-464-2(平裝)

1.中國外交　2.斯里蘭卡

574.18376　　　　　　　　108003200